U0337021

动起来！

专业教练给孩子的体能课

周宁

著

机械工业出版社

CHINA MACHINE PRESS

体能训练不仅能够有效强化孩子的身体机能，提升身体的平衡能力、柔韧性、协调性、敏捷性，帮助孩子拥有健康的体魄，同时还能够促进孩子大脑开发，在运动中提升孩子的智商和情商。

本书作者周宁（著名足球运动员、北京国安队前队长）结合自己丰富的职业生涯经验以及先进的体能训练理论，通过科学、系统的体能指导课，扫除家长对孩子体能训练的认知误区，解决体能训练中令人困扰已久的实际问题，并动员家长引导孩子制订体能训练计划。

本书旨在让运动成为孩子一生的朋友。

图书在版编目（CIP）数据

动起来！：专业教练给孩子的体能课 / 周宁著. —北京：
机械工业出版社，2023.10
ISBN 978-7-111-74217-3

Ⅰ.①动⋯ Ⅱ.①周⋯ Ⅲ.①青少年–身体训练 Ⅳ.①G808.17

中国国家版本馆CIP数据核字（2023）第214770号

机械工业出版社（北京市百万庄大街22号　邮政编码100037）
策划编辑：仇俊霞　　　　　责任编辑：仇俊霞
责任校对：郑　雪　李　婷　责任印制：张　博
北京华联印刷有限公司印刷
2024年3月第1版第1次印刷
165mm×235mm·11印张·1插页·119千字
标准书号：ISBN 978-7-111-74217-3
定价：59.80元

电话服务　　　　　　　　　网络服务
客服电话：010-88361066　机　工　官　网：www.cmpbook.com
　　　　　010-88379833　机　工　官　博：weibo.com/cmp1952
　　　　　010-68326294　金　书　网：www.golden-book.com
封底无防伪标均为盗版　机工教育服务网：www.cmpedu.com

我与周宁，相识近三十载。作为一名职业球员，宁子在足球生涯中有过许多高光时刻。更难能可贵的是，转身后，他义无反顾地投入到了青少年体适能训练的教育事业中。

　　中国足球的发展，在很大程度上受限于运动员在体能方面的劣势。具体体现到青少年身上，就是一个明明很会踢球的孩子，却因为体能的问题，而无法展现自己的天赋。

　　体能开发，更多的是基于后天的训练。从广义上来说，周宁所做的这件事，有助于提升全社会对孩子体适能培养的关注，能够让更多的孩子受益，健康地成长。如果从足球的角度来说，提升足球水平，就要从提升体能水平开始。

　　如此说来，周宁所从事的青少年体适能训练的事业，有非同寻常的意义。

——著名主持人、足球评论员、"中国足球小将"发起人　董路

目 录

动起来！
专业教练给孩子的体能课

第一章
要成事，体能是基础

为人父母，我们都希望自己的孩子能够健康快乐地成长。突如其来的新冠疫情，更是让我们深刻地感受到了身体健康比什么都重要。长期、科学、合理的体能训练，不仅可以强健孩子的体魄，还可以培养孩子坚韧不拔的意志品质和积极乐观的生活态度，以帮助孩子今后攀登更高的人生山峰。

一句话，要成事，体能是基础。

01

增强体质，孩子身体更健康

古希腊哲学家柏拉图曾说："没有什么比健康更快乐的了，虽然他们在生病之前并不曾觉得那是最大的快乐。"

法籍波兰裔物理学家、化学家居里夫人有这样一句名言："科学的基础是健康的身体。"

我国著名的教育家陶行知深信："健康是生活的出发点，也就是教育的出发点。"

健康的重要性，不言而喻。父母都希望孩子能够健康快乐地成长，那么，究竟怎样才是真正的健康呢？

世界卫生组织对健康做出的定义相当全面："健康是身体上、精神上和社会适应上的完好状态，而不仅仅是没有疾病或者不虚弱。这其中，放在首位的是身体的状态。让孩子身体健康，不是让孩子在家里养着，而是要让孩子适时地离开书桌、离开电脑，去玩耍、去锻炼身体。因为要想让孩子身体健康，不仅需要科学合理地安排规划他们的饮食、睡眠，更需要引导他们加强锻炼、增强体质。如果在此基础上能够配合合理的、规范的体能训练，那么，孩子的发育将会更全面、更均衡，身体自然也会更健康。

有些父母可能会有这样的误解："上体校的孩子才需要参加体能训练，我们的孩子平时多动动就可以了。"在这里，我要纠正一下这个观点，长时间、有规律、合理地开展运动，才能对孩子的身体健康产生积极意义。我也有孩子，我不求我的孩子有多么优秀，只希望她能健康快乐地成长。身体健康是最重要的，而参加体能训练可以有效地帮助孩子健康成长。作为体能训练的专业人士，我可以很负责任地告诉父母们，**孩子参加体能训练不仅能达到参加一般体育运动所起到的效果，还可以更全面地提升孩子的体质，这是"平时多动动"所不能达到的效果，而这恰恰又是孩子真正健康成长所不可或缺的。**

有些父母可能要刨根问底："体能训练是如何强化孩子的体质的呢？"通过多年的研究学习和经验总结，我把体能训练强化孩子体质的途径概括为以下四大方面。

体能训练能够增强免疫细胞的活力

无论大人，还是小孩，我们体内都是有多种免疫细胞的。每种免

疫细胞都有不同的功能，用于对付不同的病毒和细菌，保卫着人体的健康，就好像勇士保卫着城堡、抵御病毒和细菌入侵一样。然而，免疫细胞也和人一样，是会衰老、会死亡的。

那么，会不会有一天"勇士们"年纪大了，难以抵御病毒和细菌的进攻，从而导致城堡被攻破呢？这样的情况是有可能发生的，但是我们可以积极地去提高免疫细胞的活力，从而延缓它们的衰老，让它们更好地帮我们抵抗病毒和细菌。那么，问题来了：如何能够延缓免疫细胞的衰老？答案是：吃好、睡好，还要长期锻炼身体。正常情况下，孩子的免疫力都比大人弱，因为孩子的免疫系统还没有完全发育成熟，但这并不意味着孩子体内的免疫细胞还跟孩子一样年少，不会那么快老去。事实上，有的细胞生命周期只有一个月，有的只是半年，人体内 98% 的细胞会在一年左右的时间内被更新。所以，鉴于孩子的抵抗力较弱，孩子更需要加强锻炼，增强免疫细胞的活力，延缓其衰老。

我小时候参加足球训练时，队医就告诉我们，长期的、规律的、合理的体能训练，可以有效地增强免疫细胞的活力。这是因为体能训练能够提升身体的体温，体温升高又有利于提高免疫细胞的活力，从而促进体内的免疫细胞"勇士们"对病毒和细菌进行围剿、吞噬，遏制其入侵和扩散等，进而提高我们的抵抗力。另外，体能训练还能在一定程度上增加安静状态下的免疫功能细胞的数量，有利于增强体质。

体能训练能够促进改善心血管功能

　　心血管系统由心脏和血管组成，承担着人体代谢的运输工作。经常参加体能训练的孩子，心肌壁会更厚，心肌力会更强，心脏每次跳动输出的血量也就会更多，这些都有利于孩子体内的代谢。而当孩子安静下来时，由于心肌收缩力量更有力，因此心跳也会更慢，可以使心肌获得更好的休息，从而增强心脏的储备力，进而增强孩子的体质。

　　这就好比一棵大树，心脏像大树的根，提供营养来源；血管像导管和筛管，是运输营养的渠道；血液运载着大树所需的营养，通过血管送到大树的每一个部位。孩子的心血管功能健全，整体状态自然就会更好，就像一棵大树，树根发达，大量的营养通过导管送到大树的各枝干，再通过筛管送到每一片叶子，整棵大树就会更加枝繁叶茂；而当冬天到来时，虽然叶子和树枝离开了大树，但强健的树根依旧储存着大量的能量，春天一来，整棵树就又会重新焕发生机。

体能训练能够增加肌肉力量，增厚骨密质，缓解疲劳

　　有父母担心孩子参加体能训练会"伤筋动骨"，落下一辈子的病根，所以不让孩子参加体能训练。但实际上恰恰相反，科学的体能训练能让孩子肌肉更加有力、骨骼发育更加健全。请不要以为我在指责一部分父母，孩子是父母的心头肉，担心也是合乎常情，但并非参加体能训练就

会受伤，不科学的锻炼，比如热身不当，拉伸过度等，才会对身体造成不良影响。总而言之，科学的体能训练，不仅不会伤害到孩子的身体，还可以促进孩子的肌肉和骨骼发育得更健康。

具体来说，就是孩子在训练的过程中使肌肉反复锻炼，能够促进肌肉细胞中的能量代谢和蛋白质的合成，从而增强肌肉力量。同时，长期参加体能训练，孩子的骨密质还会增厚，骨骼排列会更整齐，整个身体也会更加结实。此外，在进行体能训练时，人体的神经系统是处于兴奋状态的，兴奋的神经系统可以促进机体的代谢，改善供能和供氧，进而缓解机体的疲劳。这些对孩子的健康成长都极为有利。

体能训练能够优化身体成分，减脂增肌

现在，不少孩子吃得多，动得少，"小胖墩"的数量也比以往更多了。但同时也不乏"豆芽型"孩子，身体瘦弱，似乎怎么吃都不长肉。这两种情况都让不少父母头疼。也有的孩子，虽然平时并不胖，但是只要多吃一点儿就容易发胖，并且很难瘦下来，让他们尽情吃怕他们胖，不让他们吃又怕营养不均衡，真是让父母着急！解决这些问题的根本，还是要让孩子动起来。让孩子长期坚持参加体能训练，可以优化孩子的身体成分，帮助"胖娃娃"减脂增肌，帮助瘦娃娃变得更加强壮。

长期进行合理的体能训练，可以提高孩子的基础代谢，从而减少脂肪合成，并提升肾上腺素类激素水平，加快脂肪分解，加速脂肪转运和

氧化，达到减脂的目的。另外，体能训练能够让孩子的身体感受到力学张力和代谢压力等驱动肌肉增长的因素，从而向孩子的大脑发出需要增肌的信号，以应对训练，实现良性循环。这样一来，孩子的身体成分也会被优化得更合理。

·02·

四肢发达了，孩子头脑更聪慧

人们常说"头脑简单，四肢发达"，真的是这样吗？我可以很负责任地回答："并非如此！"不知道从哪一代人开始，这个观念就被我们中国人广泛接受，但恰恰相反，四肢发达的人，头脑往往也更灵活，对于孩子而言更是如此。因为运动，尤其是**长期合理的体能训练，不仅能够为学习创造良好的身体条件，还可以帮助孩子提高学习能力。**

我并不是"王婆卖瓜，自卖自夸"，自己从事体育行业就说体育什么都好。事实上，体能训练可以帮助孩子提高学习能力确实是有科学依据的。

体能训练能够提升孩子的注意力

科学研究表明，注意力与孩子的学习能力和智力有着密切的联系，注意力不集中，往往会导致孩子学习效率低下。孩子年龄较小，自控力较差，容易分散注意力，这是不少父母和老师都头疼的问题。而学龄前期是培养孩子注意力的关键时期，所以说，在儿童时期加强孩子的注意力尤为重要。加强孩子注意力的方法不一而足，而参加体能训练是其中尤其有效的一种。

长期的体能训练，可以通过促进多巴胺的分泌，来加强孩子学习过程中的注意力。多巴胺是大脑中的一种神经传导物质，有规律的体能训练可以促进人们大脑中的多巴胺分泌，从而保持注意力集中。孩子在长期的体能训练中，可以培养集中注意力的良好习惯，进而促进学习效率的提高。

体能训练能够提高孩子的学习能力

简单地说，就是当我们学习新知识时，需要大脑细胞对信息进行处理，使关于这部分的记忆成为大脑的一部分。比如说，当孩子学到一个英文单词"apple"，知道它是"苹果"的意思时，孩子的大脑细胞就在工作了，细胞在对这些信息进行编码，让大脑记住"apple"就是"苹果"的意思。如果孩子的大脑细胞比较活跃，那么，他很快就能记住这一信息；相反，如果这个孩子的大脑细胞活跃度较低，神经细胞连接较慢，那么，他记住这一信息的过程也就比较慢。

神经细胞的神经元具有接收、整合、传导、输出信息的功能，对学习具有重要影响。而学习意味着神经细胞之间建立起新的连接以相互

传递信息，体能训练可以有效地促进这些神经细胞相互连接在一起，实现信息交换和传导。儿童时期是人生学习的黄金阶段，如果孩子能够得到长期的、合理的体能训练，那么大脑的神经细胞也就能更好地相互连接，从而有效地提高孩子的学习能力。

体能训练能够提升孩子的记忆力

我听到过一些父母说，自己的孩子学习成绩不好，学过的东西很容易就忘记，别人家的孩子能把"唐诗三百首"背得滚瓜烂熟，可自己家的孩子愣是背了就忘，睡一觉全忘光了。这个现象跟记忆的深度有关。

孩子在学习的过程中，需要记住很多内容。记忆分为浅层记忆和深层记忆。浅层记忆主要由大脑新皮层的颞叶负责，比较容易遗忘，对提高孩子的学习能力作用不大；深层记忆主要由大脑旧皮层的海马体负责，记忆比较牢固，对提高孩子的学习能力具有重要影响。因此，增加海马体体积，延缓海马体的萎缩，成为增强孩子记忆力的重要举措。而体能训练，可以有效地激发海马体的干细胞分化出新的神经细胞。这些新的神经细胞加入神经网络中，发挥深层记忆的作用，进而提升孩子的记忆力。

·03·

助益性格发展，孩子素质更全面

性格对个人的发展有着至关重要的影响。性格是先天和后天共同作用而成的，而相较于成年人，孩子的性格具有更大的可塑性。性格中先天形成的部分是难以改变的，而在后天发力，从小培养孩子良好的性格，则有助于促进孩子全面发展。那么，如何塑造孩子的良好性格呢？长期、有规律、合理的体能训练，可以潜移默化地影响孩子性格，进而促进其整体素质的全面提高。

相信大多数父母脑子里都有这个概念，体能训练有着严格的规则和要求，需要孩子具备坚强的意志、拼搏精神以及团队意识等。**长期合理的体能训练不但可以强健孩子的体魄，还能提高孩子的自控能力，培养孩子更勇敢地面对挫折、面对挑战、正视自己**，通过日积月累的体能训练，能培养出孩子积极乐观、坚韧不拔的性格。

体能训练有助于塑造孩子良好的性格

　　父母可以根据孩子的性格特征，选择适合自己孩子的体能训练项目。

针对比较容易紧张、遇事容易惊慌失措的孩子

　　对于平时比较容易紧张、遇事容易惊慌失措的孩子，父母可以让孩子多参加有竞争性的体能训练，比如接力跑、划船等。非竞争性的体能训练倾向于培养孩子相互理解、相互帮助、团结友爱的精神；而竞争性的体能训练则可磨炼孩子的意志。激烈的比赛过程中，孩子的精神处于高度紧张状态，同时又需要保持沉着冷静才能更好地应对比赛中出现的各种情况。因此，让孩子通过竞争性的体能训练来磨炼自己，有助于帮助他们克服遇事过于紧张的性格缺陷。

针对容易冲动、自控能力比较差的孩子

　　有些孩子比较容易冲动，遇到一些小事情就会突然非常生气，并且

自控能力比较差。比如孩子在一起玩时因为抢玩具而闹别扭生气了，父母会发现，有的孩子说两句就过去了，有的孩子则可能会大哭大闹，并且有歇斯底里的倾向，这就是性格偏向急躁的孩子。如果家里的孩子容易有这种急躁的情绪，父母可以让孩子多参加慢跑、游泳等强度不高的体能训练项目。这些体能训练项目比较缓慢、持久，需要孩子花费较长的时间、耐心来完成，长期坚持，可以帮助孩子慢慢地稳重起来，克服急躁、冲动的性格缺陷。这不但有利于孩子处理好和小朋友之间的关系，也有利于其今后真正遇到挫折时，能够沉着稳重地应对各种困难。

针对胆小、腼腆的孩子

有些孩子不急躁，也不容易紧张，但却比较胆小、腼腆。比如，老师提问题，这类孩子不敢大声回答；同学们轮流表演，这类孩子会觉得自己在一群人面前表演很不自在、满脸通红等。对于平时比较胆怯的孩子，父母可以选择单双杠、跳栏架、高翻等体能训练项目。这些项目比其他体能项目更需要胆量才能完成好，而正因为如此，胆怯的孩子必须正视自己的恐惧，勇敢地去迈出第一步，然后逐步增加难度，慢慢地帮助孩子战胜还没有行动就心生畏惧的心理，久而久之，帮助孩子克服胆怯的心理，形成勇敢的性格。

针对不合群、独来独往的孩子

有些孩子比较不合群，常常独来独往，缺乏和其他小朋友交往的热情。长此以往，容易导致孩子形成孤僻的性格，对其今后的社交能力

和学习工作都会产生不良影响。对于有孤僻倾向的孩子，父母可以选择一些需要团队合作的体能训练项目，如接力跑、拔河等。这些项目特别需要发挥团队精神，需要参加活动的每一个孩子的密切配合。让有孤僻倾向的孩子多参加这样的体能训练，不但可以为孩子提供更多与同龄人接触的机会，还可以促使他们多和其他孩子交流，逐步走出自己的小世界，学会多换位思考，从而慢慢地改变其孤僻的性格。

04

从职业运动员的体能训练中可以学到什么

我从 1999 年起开始在德国踢球，踢了两年多。这个经历让我受益匪浅，对我的职业体育生涯和后来的儿童体育训练理念都有很大的影响。在德国，我直接接触到了德国科学的训练体系和严谨的配套训练方案，更有机会见识到了德国球员的强悍体能和精湛球技，进而一窥欧洲球员的体能优势和训练体系的架构精髓。这其中值得我们学习的太多了，这里我想重点和大家谈一谈由此引发的、对孩子体能训练的一些认识。

我们常说，欧洲球员的体质和我们中国球员不一样，这话没错；但有人因此就认为他们的训练方法不适合我们，这就不一定了。具体的措施会有差异，但欧洲的训练理念是相当有可取之处的。他们的训练体系严谨，训练方法针对性强，无论是对成年人还是对孩子，从饮食起居，到日常训练，到伤病治疗，再到心理辅导，都有全方位的配套人员和措施，能够帮助训练者的体能获得全面的提升和发展。

欧洲球员的体能优势：训练效率更高

　　欧洲球员在速度和力量方面，比起我们具有天然的优势。比如，德国球员体型比较粗犷，**较好的身体条件使他们能够承受更高级别的训练强度，在单位时间内完成更多的训练**。换句话说，就是他们的训练效率相当高。

　　体能优势与他们的饮食结构有关。他们的食物以高蛋白、高热量为主。而当年我们中国人的饮食以碳水化合物为主，营养结构相对单一，会在一定程度上影响着我们能量的发挥。初到德国时，我能明显地感受到自己的身体条件和德国本土队员存在较大差距。他们几乎都能把自身积攒的能量 100% 地发挥出来，但是我有很多能量都发挥不出来，关键就在于我的爆发力不足。尽管我的身体看着也不错，但训练中动作不够精细，针对这一点，在大家每次训练完之后，我的体能教练就单独为我训练爆发力。经过两个月的针对性训练，我的爆发力才慢慢地跟了上来。

　　对于现在的孩子来说，他们比起我们这一代人，营养结构要优化得多了。但是我要强调一点，我提倡改善孩子的营养结构，并不是说孩子吃得好了，身体就好。**只有运动，身体才能更好，越运动，调动身体各个部位的能力就越强**；不运动，吃下去的营养越丰富，孩子就越容易因为营养过剩引发肥胖。

孩子的健康成长需要营养，更需要锻炼

欧洲球员的严谨、针对性强的训练体系

欧洲的球队一般都会配备主教练、体能教练、康复教练等强大的教练团队，此外还配有专职的医疗团队、营养师、心理医生等，全方位地服务球员的训练和衣食住行。德国的体育科研水平在整个欧洲都处于顶尖水平。德国在运动训练学上有个非常明显的特点——严谨。我当时所在的球队中，有专门的队医（不是两三个，而是一个医疗团队）负责我们球员的健康。在赛季中，队医、运动体疗师、心理咨询师们都会全程陪伴我们、照顾我们，从赛前准备、赛中治疗，一直延续到赛后恢复。

赛练结合是欧洲球队提高球队水平的一大特色。我们每周都有技术、战术等多方位的训练，每周都有比赛。通过这些比赛，不仅可以检验队员的训练效果，还可以借此检验战略战术的可行性，最重要的是，可以帮助球员发现自己的长处与不足，从而更有针对性地去提升球员的能力。

教练团队不但规划球员的训练方案，还会**注意培养球员的合理生活习惯，以满足高强度训练的需求**。比如，我在德国时就喜欢吃中餐，被教练发现了。教练严厉地限制我，每周只能吃一次中餐，并警告说："如果你再（经常）吃中餐，我们的训练，你将无法完成。"尽管我的身体

球员得到的全方位服务

素质在国内球员中算是很棒的，但到他们那儿之后，他们的训练强度我确实有些吃不消，而德国本土球员是能很好地完成高强度的训练的。于是，除了那每周一次的中餐外，我每天吃的都是西餐，比如牛排、鸡排、鱼肉、沙拉、麦片、黑面包等。经过三个月的饮食调整和有针对性的训练提升，我才慢慢地适应了德国的高强度训练。

相比之下，尽管近些年我们国内的球队也在类似的配套人员和设施方面加大了提升力度，但终究还是做得不够精细，比如：教练不够专业，或者外教对中国球员不够了解；球员受伤后只重视治疗，而康复过程往往被忽视；对球员的心理调节重视不够；等等。这一状况反映在儿童体育方面，常常表现为用训练大人的方法去训练孩子；孩子受挫之后产生逃避心理，家长和老师也大多表现得无所谓，没有强烈的意识帮助孩子克服怯弱的心理；因为担心孩子受伤而不让孩子去做一些"看着挺危险"的动作；因为孩子在训练中意外受了一点儿伤之后，父母就像"一朝被蛇咬，十年怕井绳"一样，这不让孩子做，那不让孩子做……这些都是需要我们去反思的。

全民运动，塑造健全的体格

我在德国比赛训练期间，不仅注意到了德国专业运动员的体能训练和运动技能训练，还留意到，德国整个社会的体育氛围都特别浓厚，用"全民运动"来描述一点儿都不为过。不要说是周末、节假日，就是平时的工作日，在上班和上学之余，也随处可见参加体育运动的大人、小孩。可以说，体育对德国的影响特别大，参加体育运动是德国人的一种生活方式。

那时候，我住在一栋三层楼房的二层，楼下的穆勒一家几乎天天到户外做运动。这个家庭的男主人穆勒是一个发动机生产公司的普通白领，孩子已经上小学。工作再忙，大人都会抽出时间陪孩子一起运动。平时，小穆勒放学后，穆勒一家就会到户外去，或是健走，或是踢球，或是骑自行车；周末还会一家人外出划船，到莱茵河边跑步，一起观看社区比赛。

德国每个社区都设有足球场，可以说是标配，正常情况下，周末都会有社区球赛。当然，参加社区球赛的不是专业运动员，而是社区居民。每到这个时候，穆勒一家都会全家出动，即使自己家人没上场，也会去给邻居助威。场边观众的狂热程度不亚于职业联赛中的球迷在观众席上所释放出的热情。同时，他们的观赛氛围又是十分文明的，不仅不会出现骂人的情况，而且在最后一刻还会去激励球员拼搏到底。同样的，赛场上的球员不到哨声响起绝不停步。在德国，即使是在日常的社区比赛中，你也能感受到真正的体育精神。

我曾经问小穆勒："你有特别喜欢的球队吗？"小穆勒很得意地说："有！我们一家都是拜仁慕尼黑的忠实粉丝。"在这种环境下，穆勒让孩子从小养成参加运动的习惯，有意识地去提升孩子的体能，并且培养孩子去感受竞争的快乐氛围、感悟体育的精神，为孩子打下坚实的运动基础。

穆勒一家是无数个德国家庭的一个缩影。德国不仅家庭运动气氛浓厚，即使是单身青年，也热衷运动。那会儿，我楼上住着一位名叫汉娜的单身女子，30岁出头。我们对于这个年龄的单身女青年的印象，一般都是"宅女一枚"，不上班就跟屋里宅着。汉娜可不是这样，打网球、打排球、游泳都是汉娜喜欢的运动，她还喜欢足球。大家可能要问："汉娜是个运动员或体育老师吧？"还真不是，汉娜是名服装设计师，她的职业跟运动没有多大的直接关联，但是她和很多德国单身青年一样，不上班的时候就外出运动，而且以户外运动为主。也正是因为热衷体育锻炼，汉娜不仅身体素质很棒，心态也积极乐观，把一个人的生活过得快乐且精彩。

总的来说，德国人是欧洲人的一个代表，欧洲人的体能较强，能够承受较大的训练强度，并且他们在单位时间内完成训练的效率要比中国队员高。这与他们的饮食结构有关，也和他们的训练理念有关，其中一点就是重视身体机能的开发。**只有具备较好的身体机能，才能训练出更好的身体技能。** 让孩子参加体能训练，就是为了开发好孩子的身体机能，进而再练好各项技能。这也是为何我推崇欧洲人培养孩子的做法，我们的孩子从幼儿园时期就需要有更多的时间去运动，父母需要更多地带孩子一起到户外去锻炼。

动起来！

专业教练给孩子的体能课

第二章
体能训练，先要捋清的那些事

一些父母之所以没有让孩子参加体能训练，是因为他们没有意识到孩子参加体能训练的益处；有些父母则是对孩子参加体能训练有一定的误解，所以虽然在一定程度上认可参加体能训练对孩子会有好处，但又有所担心，怕孩子受伤，怕女孩练成女汉子，怕耽误学习，等等。针对这类问题，我们在这一章就来详细讲一讲，帮助父母和孩子走出参加体能训练的常见误区，打消父母的担忧和疑虑，让父母更加放心地让孩子练，也让孩子练得更加开心、踏实。

01

家长误区：
孩子还小，体能训练容易伤到身体

　　我的孩子是个女孩儿，我和很多父母一样，从孩子一出生就被她的一举一动牵绊着，生怕孩子有一点儿差池。而我的关注点又跟一些父母不一样，有些父母恨不得把自己的孩子捧在手心里，生怕孩子磕到碰到。但我恰恰相反，我就乐意让孩子动来动去，因为每个年龄段的孩子，都有他这个年龄段应该从事的运动。

要把握好孩子的运动敏感期

　　提到儿童体能训练，不少父母都会有这类想法："孩子还那么小，能练吗？""孩子还小，参加体能训练容易伤到身体。""等上初中了再练，着啥急？"之所以会有这样的想法，除了父母疼爱孩子之外，还有一个重要的原因，就是父母对儿童体能训练并不了解。**儿童体能训练并不是**

以大量运动为主，而是结合每个年龄段孩子的发育情况进行的，一般来说：

3~4 岁，练基本动作和基础力量；

4~5 岁，依然以基本动作和基础力量为主，并开始训练爆发力、速度、灵敏度；

5~6 岁，练习多元动作模式和多元力量；

6~7 岁，巩固基础动作、力量、速度、灵敏度训练，加强爆发力训练；

7~12 岁，加强动作和力量训练，锻炼团队协作能力。

0~5 岁或 6 岁是孩子的运动敏感期。在敏感期学习自然会很轻松，但当过了敏感期再学习同样的内容就很困难了。在这个时期，孩子会学会坐、站、走、跑、跳等一系列动作，并且平衡、协调、灵敏度等身体素质都在快速发展。**所有的孩子都具备出类拔萃的潜力，并且只有在合适的时间，以合适的数量，同时辅以高质量的训练和开发，才能将其发挥到最佳状态** [1]。反之，错过了某个年龄段，孩子在某一方面的身体素质就很难发展到他们本来可以达到的高度。

但在实际生活中，很多父母并没有意识到这些。提到参加体能训练，很多人往往只会想到大量的、容易疲劳甚至容易受伤的运动。所以说，没有因为年龄太小而不能参加体能训练的孩子，只有没有意识到孩子要适时参加体能训练的父母。这是为人父母要特别注意的，因为一旦

陷入了这个误区，我们很可能就会错过开发孩子身体素质的最佳时期。

　　父母也不能操之过急，3~6岁的孩子的身体机能是在逐步发育的，灵敏度、协调性等身体素质也都在慢慢地提升，我们只需要加以引导，让孩子做每个年龄段相应的运动，孩子就能掌握得更好。因为孩子的举手投足，都可以牵动大脑的神经细胞，从而带动大脑思维的发育，大脑在反馈中不断调整，使得孩子坐、站、走、跑、跳等动作不断地协调、精细，这样一来，孩子的身体机能就能得到更好的开发。尽管孩子的发育情况不会完全一致，但正常情况下能够做出同一动作的时间差前后不会超过三个月。

不要用训练成人的方法来训练孩子

　　不少父母都有这样一个认识误区：参加体能训练就是做大量的运动、大量出汗，只有训练完整个人的身体都很累，才叫达到训练效果。

不能把孩子当"迷你版成人"来训练

所以，不少父母都担心孩子参加体能训练会伤到身体。而实际上，上述的训练方法常见于成人的训练。我以专业教练的身份告诉大家，**学龄前儿童的体能训练并非以强度和力度为主，决不能把孩子当成人来训练。**

一些父母或教练，对孩子的生长发育规律了解不多或者认识有偏颇，把孩子当成"迷你版成人"来训练，比如成人举哑铃，也让孩子举哑铃；成人负重跑，也让孩子负重跑；成人拔河，也让孩子拔河；成人扳手腕，也让孩子扳手腕……这些都是不科学的，这样的训练方式才真的是容易伤到孩子，侧重强度和力度的训练容易给孩子带来潜在的受伤风险，孩子的注意力、适应性都还比较差，灵敏度和协调性等身体素质还没有充分地形成，这种情况下去参加成人的体能训练，当然是会容易受伤的。

科学的体能训练可以帮助孩子远离受伤

孩子参加体能训练容易受伤？没有的事儿。孩子没参加过体能训练才会更容易受伤。**科学的体能训练，能够帮助孩子提升心肺功能，让孩子的身体更加灵敏、柔韧性更好、协调性更好、平衡性更好，从而可以更好地避免受伤。**

在第一章我们说过，参加体能训练可以让孩子的身体更健康。通过科学的体能训练强化肌肉，孩子的关节可以得到更好的支持，进而使平衡能力得到较好的提升，孩子也就不容易失衡摔倒；此外，通过长期

参加有氧运动，可以加强孩子的心肺功能，并提高专注力和耐力，这样孩子也就可以更好地避免碰撞、摔倒、擦伤等意外情况。让孩子从小坚持锻炼身体的柔韧性，他们的柔韧素质就不至于随着年龄的增长而较快丧失，身体的柔韧性越好，也就可以更好地避免扭伤等情况的发生。

要达到这些效果，前提是训练方法要科学。怎么样训练孩子的体能才算科学？首先，**不能用训练成人的方法来训练孩子**。孩子的身体正处于发育期，各个部位和器官都没有发育成熟，过早开发力量、速度等潜能，容易损伤孩子的肌肉，得不偿失。我们要用适合孩子身体情况的方法来训练孩子。值得注意的是，孩子在每个年龄段的身体状态都不一样，因此还要注意分年龄段去训练孩子。

比如，孩子刚出生的 1~2 年内，大脑的发育是相当快的，到了 3 岁，孩子的小脑发育水平基本已经可以维持身体的平衡，所以这个时候就可以让孩子加练一些粗大动作，比如走路、拖拽物品、踢球、上台阶等。我们常看到日本的父母在孩子 3 岁左右就让孩子去学游泳、练体操，有人认为这样是操之过急了，但从孩子发育的进程来看，这也是有合理之处的，而且并不会引起"孩子容易受伤"的担忧，因为一方面有较好的防护措施，另一方面，根据孩子的运动敏感期和适当的运动量来训练，并不会导致孩子受伤。反倒是错过了这个运动敏感期，还希望达到正常训练的效果，更容易拉伤、扭伤等。

02

家长误区：
男孩的运动能力比女孩强

我女儿现在的个头比同龄的孩子都高，跑得比男孩快，力气比男孩大，身体棒棒的。这除了遗传因素外，主要还是因为我特别注意培养她的身体素质，让她在每个年龄段参加适应的体能训练。有人问我，你这样训练你女儿，就不担心她以后变成"大力水手"、身材粗壮？完全没有这种担心的必要。你们想想自己身边身材特别好的女性朋友，是不是都很热爱运动、爱健身，而且从小就经常参加体育运动？

我想强调的是，学龄前儿童的训练，更多的是动作模式方面的提升，学龄后才适合逐渐开始力量、速度、技巧方面的训练。而参照教育部设计的体育训练课程和达标指标可以发现，在力量方面，女孩的指标都比男孩要低些。女孩的训练会更侧重柔韧训练，而男孩则侧重力量训练。这算不算意味着，男孩的运动能力就比女孩强？

和我们国家的传统文化和思想有关，不少父母都以为男孩的运动能力比女孩强，所以父母更乐于送男孩去参加体能训练。而家里的孩子是女孩的父母则大多认为"女孩不用专门参加体能训练，男孩才要练，女孩练了也强不到哪儿去，还会把胳膊和腿练粗。"事实上，**女孩的运动能力并不一定比男孩差，男孩和女孩各自在不同方面、不同时期，有各自的身体发展优势。**要根据不同的年龄段去为孩子选择相对应的体能训练项目。

一般情况下，学龄前，男孩的粗大运动能力比较强，比如跑、跳、平衡都比同龄女孩先发展。而同时期的女孩，精细运动的能力会比男孩更强，比如抓、握、写字等。这也是大多数女孩早于男孩展示出对画画、手工等艺术形式感兴趣的原因。但是如果女孩接受了较好的体能训练，同时期的男孩却没有持续参加体能训练，那么女孩的粗大运动能力也是会超越男孩的，我女儿就是一个很好的例子。

学龄前男孩的粗大运动能力更强，女孩的精细运动能力更优

　　8 岁以后，女孩通常会比男孩要发育得早一些。大家可以留意一下少年时期的男孩和女孩的身高，一般同龄女孩都会高一些。反映在耐力方面，就是女孩在 10~13 岁时，就可以逐渐开始进行耐力训练，而男孩还要等到 13~16 岁才适合开始进行耐力训练；在速度方面，女孩在 6~8 岁或者 11~13 岁时（根据孩子的发育情况）就可以开始速度方面的训练，男孩需要到 7~9 岁或者 13~16 岁时才适合进行速度训练。可见，**男孩的运动能力并不一定都比女孩强，要根据男孩和女孩不同的运动敏感期为他们规划各自的体能训练。**千万不要错过一去不复返的运动敏感期，更不要以为只有男孩才需要参加体能训练，女孩不需要。男孩和女孩，无论谁，在相对应的运动敏感期没有得到合理的锻炼，都会错失身体成长得更健康的绝佳机会。

03

已报运动兴趣班，
还有没有必要参加体能训练

如果孩子已经参加了运动兴趣班，还有没有必要参加体能训练呢？有！并且十分必要。我遇到过很多孩子，体能没有练好，报什么运动兴趣班都练不出理想的效果。无论国内国外，所有出色的运动员，体能都是相当好的。**只有练好了体能，打好了身体机能的基础，才有可能习得更好的身体技能。**如果孩子不练体能，报什么运动兴趣班都是白搭，只是能玩玩而已。

为什么体能训练是基础

前文我们已经详细地讲过体能训练可以从身体耐力、力量、柔韧、敏捷、速度、协调性、平衡性以及控制力等方面，全面强化孩子的身体素质。可以这样理解，身体是革命的本钱，要想身体好，就要练好体能；

体能练好了，打球、游泳、练跆拳道或者参加任何其他的运动兴趣班，都会更容易掌握更好的技巧，获得更大的进步。

　　除此之外，不少父母还忽略了体能训练对孩子心理素质的培养效果。体能训练不仅能够锻炼孩子的身体能力，还能培养孩子具备更强的心理素质。在竞技体育中，孩子常常会遇到失败和挫折。即使没有参加比赛，在日常的训练中，孩子也会因为练习效果不好，而经常失落甚至产生放弃的念头。这个时候，除了父母、教练的开导外，孩子内心的自我调节也是特别重要的。我们前文讲过，**参加体能训练能够给孩子一个健康的体格和强大的内心，这样不仅可以帮助孩子更好地练习技能，还能让孩子拥有更积极的心态，去面对在运动兴趣班练习技能过程中遇到的挫折，不轻易说放弃。**

参加体能训练能让孩子少受伤

　　正如本章第一节中我们介绍到的，科学的体能训练可以帮助孩子远离受伤。我们从孩子学龄前时期就训练他们的动作模式，让孩子从小就养成良好的运动习惯。当孩子参加其他竞技运动时，由于已经形成了正确的运动体态，就可以很大程度上预防不正当动作带来的身体损伤。如果孩子只参加运动兴趣班，没有参加过体能训练，就很容易因为没有掌握基本动作而磕伤、碰伤、摔伤。

　　由于父母和孩子急于看到训练的效果，现在不少运动兴趣班都会在

课程的伊始阶段就教授孩子一些运动技能。没有参加体能训练的孩子，由于缺乏动作模式和基础力量的基础，不但技能不易学到位，还容易因为动作的不正确而损伤肌肉。如果此前没有参加过体能训练，但又已经报了运动兴趣班的孩子，在这种情况下更需要参加体能训练，以恶补兴趣班上没有教到的基本动作模式、基础力量练习。体能训练练得好，孩子的身体素质提高了，力度和速度就会更好，练习运动技能的时候自然不会累得太快，也更不容易受伤。

有些运动兴趣班里的项目，本身就是体能训练的项目，比如游泳。即使面对这类项目，我也建议孩子要参加体能训练。因为运动兴趣班更多的是教授技巧，而体能训练是整体地提升孩子的身体素质，并且是分年龄段地将多种项目、多种训练方式相结合进行训练。这是单项运动所无法实现的。

良好的身体素质能够助力运动技能的习得

父母担心孩子已经参加运动兴趣班了，再参加体能训练，会精力不足，结果两头不讨好，运动兴趣班上的运动技能没学好，体能训练也没练好，还可能会累得孩子没有精力学习。这样的担忧源于父母没有全面地认识到体能训练的好处。孩子参加体能训练后，经过一段时间的科学训练，身体素质会逐步得到提升，精力自然会更加充沛。良好的体能训练，可以为运动技能的习得打下坚实的基础。

良好的身体素质能够助力运动技能的习得

　　竞技运动需要良好的平衡能力、协调能力、敏捷性、速度和力量。这些都基于体能训练而来。如果没有良好的体能基础，学习起运动技巧来会很吃力。正如写作文，体能好比孩子学会写的字，各种修辞手法好比运动技巧，如果孩子连字都不会写几个，怎样运用好各种修辞手法呢？更不要提把作文写好了。

　　比如我带过的两个踢足球的孩子，一个长期参加体能训练，另外一个没有。在练习传球的时候，参加体能训练的孩子，由于具有较强的心肺功能，力量和速度都比较占据优势，不但跑得快，传球也传得准；而没有参加体能训练的孩子，跑一会儿就累了，更不用说传球的精准度了。

·04·

如何让不爱运动的孩子动起来

我听到过一位大爷跟他孙子的对话，大爷说："现在的小孩子童年真无聊，什么都不会玩。"

孙子淘气地说："谁说我们什么都不会玩？我会的比你多多了。"

大爷笑着问："是吗？你会抽陀螺吗？你会滚铁环吗？"

孙子不甘示弱："你会玩'愤怒的小鸟'吗？你会玩'植物大战僵尸'吗？"

大爷瞬间目瞪口呆，完全不知道他的孙子说的是什么东西。

尽管"愤怒的小鸟""植物大战僵尸"等游戏被标榜为"益智游戏"，但是我还是不提倡孩子玩这样的游戏。孩子应该去做实实在在的、动起来的游戏，而不是对着电脑屏幕，或端着手机，或拿着平板电脑，一动不动地或坐着，或倚着，甚至躺着玩电子游戏、看动画片等。孩子把大量时间花费在屏幕前，久坐不动，长此以往，会产生诸多不良后果，比如：视力下降、含胸驼背、头前伸、罗圈腿；社交能力下降，动手能力下降，学习成绩下降，性格趋向孤僻等。

一些父母曾经跟我说："别的孩子都看那些动画片，如果我们家孩子不看，他们一起玩的时候，就没有共同话题了。"我想说，这是一个伪命题。因为一方面，孩子除了动画片，还可以有很多其他事情可以作为"谈资"和其他小朋友交流，比如去游乐场玩了什么游戏，在公园里看到什么有趣的植物或动物，在家里帮助爸爸妈妈做了什么事情，不一而足；另一方面，我们说不能让孩子把大量的时间花在屏幕前，并不意味着孩子就不能看电视、玩电子游戏。我们强调的是时限，**不能让孩子长时间地停留在屏幕前，不仅包括看电视和玩游戏，还包括学习。长时间地阅读、书写、画画同样可以被归为久坐不动的行为，同样会引起孩子身体发育不正常。正常情况下，孩子每天的久坐时间累计不应该超过 60 分钟**。那么，父母怎样才能让孩子动起来，不久坐、不沉迷于游戏呢？

严格控制"屏幕时间"

尽量不要让孩子太容易接触到电子设备。孩子不愿意动的原因，是有"更有趣"的事情吸引住了他/她，而在电子设备越来越流行的今天，这类"更有趣"的事情往往是看电视、玩游戏之类。把手机、平板电脑等移动终端放在孩子拿不到的地方，不要把电视机放在孩子的房间里，

眼不见，玩不到，心不烦。

制定严格的家规，比如每天只能在特定的时间看电视，每晚 8 点或者 9 点之后就不可以看电视，吃饭的时候不能使用任何电子设备，等等。制定出来后，父母还要和孩子一起严格遵守。如果孩子正在津津有味地看电视或者玩游戏，要在规定时间准备到之前提醒他 / 她，并且超出规定时间后不要容忍任何推迟时间的理由。一些小孩会跟父母"讨价还价"，比如"我再多看 10 分钟，明天少看 10 分钟"或者"我再看一会儿，等会儿多看一会儿书"，如果父母接受孩子这样的条件，那是很危险的——这样会导致今后制定的任何规矩都很容易会被破坏，从此无法控制"屏幕时间"，孩子就会更加不愿意动。

提供更多的活动机会

给孩子买玩具的时候，我总是会挑一些偏向于运动属性的，比如球类、积木、小车、上链条会动的小动物、跳绳等。有父母可能会说："我们家孩子不喜欢这些。"或者"我们家孩子是女孩，不喜欢球、小车什么的，男孩才喜欢那样的东西。"给小孩子选玩具确实不是一件简单的事情，如果孩子不喜欢，我们可以引导孩子发现这些玩具的有趣之处。如果孩子还是觉得没意思，那也不要勉强孩子，我们可以带孩子多到户外玩，这样也可以避免孩子久坐不动。

给孩子提供更多的活动机会，不拘泥于玩玩具，即使是跟父母到楼下拿一个快递，那也是动起来了。晚饭后小歇片刻，再带孩子在小区走走，同样好处多多。方法总是有的，就看父母有没有想到。如果孩子不愿意出去，我们可以利用孩子的好奇心，跟孩子说："我刚才回来，看到楼下亭子里有个爷爷提着个鸟笼，笼子里有只漂亮的小鸟，咱们一起去看看那只小鸟会不会说话，怎么样？"或者"隔壁家的妮妮在花园里挖土，她最近跟你说要种什么花了吗？我们去看看好不好？"诸如此类，前提是一定不要欺骗孩子，不然你的这种招数会逐渐失效。

如果孩子需要做的事情必须得坐着，比如练习书法、画画、弹奏乐器等，要注意让孩子避免连续久坐。可以练习一段时间后，站起来看看自己的习作，或者放松一下双手，放松一下眼睛。父母如果担心会忘记提醒孩子，可以设置个闹铃，到时间后，根据孩子的进度，提醒孩子站起来动一动，避免生硬打断孩子的练习。

父母需要以身作则

我常说，**没有训练不好的孩子，只有不懂训练的父母**。这个"不懂训练"，更多的是指父母的意识缺失，如果父母没有要运动的意识，那么孩子也很难会得到好的训练。欧洲很多国家对孩子的体育运动都很重视，比如每天在幼儿园里的 6 个小时中，孩子做的事情有 3 个小时会与运动有关，最重要的是，父母还经常和孩子一起到户外参加运动。

孩子在 3 岁左右时，个性初步形成。这个时候，父母要十分注意培

父母的行为对孩子有榜样作用

养孩子的性格，不能让孩子老待在屋子里，更不能让孩子总是看电视或玩游戏。**父母以身作则是十分重要的**，首先自己就不能在孩子面前长时间**看电视、玩手机。**不仅如此，父母自己也要多出去运动，多带孩子去运动，尤其是多创造机会，让孩子和其他小朋友一起运动。

孩子的认知更多地依赖于感官，通俗地说就是"有样学样"。如果父母经常边吃饭边看电视，孩子自然也会跟着边吃边看；如果父母周末难得不上班，躺在沙发上看手机，孩子很容易也会染上这样的习惯；当父母意识到自己的不良习惯给对孩子产生负面影响、要纠正孩子时，孩子还可能会有理有据地指出父母自己本身就那样。相反，如果父母爱运动，多带孩子出去运动，孩子会潜移默化地爱上运动。如果有同伴和孩子一起运动，孩子动起来的意愿就会更大。这样一来，不仅可以避免久坐不动的各种危害，孩子还能收获运动带来的巨大好处，比如身体健康、心理健康、社交能力强等。

05

有目的的体能训练 VS 单纯带孩子玩

"我们每天都带孩子到楼下和小朋友玩。"

"我们每个周末都带孩子去公园转转，还去游泳。"

"我们的孩子经常去爬山，节假日我们还常带孩子去旅游。"

这些都是很不错的活动项目，父母常带孩子出去玩，对孩子的身心健康也大有好处。于是，有些父母就会这样认为："我们都常带孩子去玩了，孩子也玩得很开心，所以就没有必要再参加体能训练了。"这又是一个关于体能训练的误区。**有目的的体能训练，可以全面提升孩子的心肺功能、耐力、速度、力量、灵敏度、柔韧性等身体素质，这是单纯地带孩子玩所无法达到的效果。**

相较之下，单纯地带孩子玩，更多地是可以让孩子更轻松、更开朗，身体当然也会发育得更好，但由于缺乏针对性，是无法全面地提升孩子的各方面身体素质的。

学龄前儿童的体能训练目的，以发展基本动作模式为核心目标，同时兼顾粗大动作和精细动作的发展。这里的粗大动作，主要是锻炼大肌肉群；精细动作，主要是锻炼小肌肉群。**学龄后儿童的体能训练目的，主要是提升心肺耐力、肌适能（肌肉力量和肌耐力）、柔韧性和身体成分这四项与健康密切相关的身体素质**，具体指标可以参考《国家学生体质健康标准（2014 年修订）》。本章节重点讲一讲学龄前儿童的有目的的体能训练，因为**幼童期是发展儿童基本运动动作和较复杂的精细动作的关键时期** [2]，如果父母认为单纯地带孩子玩就可以让孩子的身体棒棒的，那会错过孩子的运动敏感期，容易导致孩子日后的运动效果大打折扣，无法补救。

我建议，在孩子参加体能训练前，首先要先测试孩子的身体状态，然后再根据孩子的实际情况去制定训练方案以及训练要达到的目的。孩子的身体状态测试分为两大类：身体形态和身体素质。身体形态的测试项目主要是身高和体重，身高反映了孩子的骨骼纵向生长水平，体重则反映孩子的发育程度和营养状况。身体素质测试的项目主要包括跑、跳、连跳、掷、走和身体柔韧度六大项 [3]。

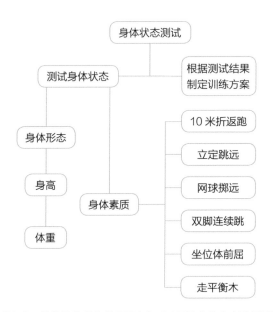

在进行有目的的体能训练前需要事先对孩子的身体状态进行测试

有目的的体能训练是十分具有针对性的，不仅需要在训练前进行严谨的测评，也会在训练中针对每一年龄段的孩子设置不同的目标。

3岁前的孩子处于大运动探索期，这个阶段的体能训练目的，主要是帮助孩子形成运动规律，建立孩子对运动的认知。因为孩子在这一年龄段最容易养成运动兴趣和习惯。父母可以多引导孩子去运动，但也不要强求孩子。根据不同年龄，父母可以适当地进行以下引导：

1 岁左右开始训练其四肢活动能力，如在床上翻身、练习爬行等，训练平衡性，帮助孩子学会走路。

2 岁左右开始训练精细动作及平衡性，训练动作有蹲、趴、举手、捡东西等。

3~6 岁的孩子处于平衡性、柔韧性发展的灵敏期，好动但免不了跌跌撞撞，这一阶段应该重点锻炼他们的动作控制能力，发展精细动作，以促进生长发育。父母可通过让孩子多做游戏来引导他们，但同时要注意避免孩子受伤。适合在这一时期安排的项目有：

坐位体前屈	踢毽子
跳舞	用手接球
跳远	用手投球
攀爬	踢足球
单脚跳	画画
双脚跳	学穿衣服
跳绳	做手工

7~12 岁的孩子更加爱动，更加灵活、敏捷，更具力量感，这一阶段的重点在于加强孩子速度、力量、灵敏度、柔韧性方面的锻炼，并可以开始让孩子练习运动技能。父母可以让孩子参加更多样、更丰富的运动项目，还可以少量安排一些对抗性项目：

游泳	乒乓球
跑步	羽毛球
跆拳道	跳绳
击剑	女孩做仰卧起坐
轮滑	男孩做俯卧撑

　　相比之下，单纯地带孩子玩耍很难有针对性地锻炼到孩子的各个身体部位，以及帮助孩子全方位训练各种动作模式。同时，对孩子的体能在不同年龄段的侧重发展也很难起到较好的引导，和开展有目的的体能训练所收获的效果更是难以相提并论的。

06

每天运动多长时间合适

在了解到有目的的体能训练的重要性后，很多家长就会问了："孩子每天运动多长时间合适呢？"我经常被问到这样的问题，他们大多希望我直接给出一个简单具体的数字：40 分钟、1 个小时、2 个小时或者 3 个小时。而事实上，这个问题不是三言两语就能回答清楚的。简单来说：**学龄前儿童每天各种类型的累计身体活动时间，应达到 3 小时以上。**但请注意了，这里的"身体活动"不仅包括体能训练，孩子的日常活动和玩游戏也包括在内。为什么我们说"身体活动"而不是说"运动"？因为孩子天性好动，正常情况下，孩子每天的活动量对身体的影响是很大的，所以不能忽略这部分影响。孩子的身体活动主要包括以下三方面：

- 日常生活

自己拿东西、走路去幼儿园、走路回家、洗澡、洗漱等。

- 玩游戏

追逐、躲猫猫、玩玩具、滑滑梯、荡秋千、攀爬游戏等。

● 做运动

做早操、跳绳、走平衡木、游泳、踢球、拍球、滚轮胎等。

我们国内的不少幼儿园，大多是在教室内开展活动，即使有机会在户外玩的，时间也不会很长，以致于孩子一听到能到户外去玩，都开心得要飞起来。虽然这几年大家都意识到要多让孩子到户外活动，不少幼儿园也在逐步推进课程的游戏化改革，逐渐增加户外活动的时间，但每天给孩子安排的户外活动大多只有 2 小时。

一般情况下，学龄前儿童每天在户外活动的时间应不少于 2 小时。当然了，特殊情况下，如疫情期间，这个时间限度还是要根据各地的情况适时调整的。而在正常情况下，学龄前儿童每天的户外体育活动时间应不少于 1 小时。

但想要孩子长期保持良好的身体状态，就不能只满足于每天户外活动 2 小时、体育活动 1 小时。要知道，幼儿园的户外空间和各类设施的

使用率是很低的，孩子每天在幼儿园待8小时，只有2个小时是在户外，并且这2小时的时间里还包括了排队、等待、听老师讲解，等等，这样孩子的实际活动时间就又被压缩。有的父母会存在这样的想法："我们不求自己的孩子很优秀，不生病就可以了。"这恰恰助推了幼儿园忽视孩子户外活动的做法。在国外，每个孩子在幼儿园的时间中有一半以上是在进行户外活动，这样才能充分保证孩子的有效运动时间是足够的。

至于7~12岁的孩子，每天的体育运动时间应不少于1小时，但跟学龄前儿童相比，这些"大孩子"需要加强速度、力量等练习，而不能仅限于动作模式和基本力量训练。我在强调一般孩子运动时间不足的同时，也会提醒父母不要让孩子运动过量。**孩子每天的有效体育运动时间不少于1小时，但也不要多于2小时，强度要与孩子的年龄相适应。**

07

体能训练，多长时间才能见效果

孩子参加体能训练多长时间能见效？相信不少父母都希望听到这样有固定时间限度的回答：1 个月、3 个月、半年……而我可以明确告诉各位的是，这个因人而异，**不同身体状况的孩子，带着不同的训练目的，需要的时间也各不相同。**

比如一个胖娃娃，要想恢复到正常的体形，练多长时间能看到明显的效果？严格按照教练的要求练习，并且配合合理的饮食，一般 3 个月可以见效。但如果孩子练习动作并不到位，或者运动时长不足，又或者运动强度不足，那什么时候能看到体形上的变化，就是个未知数了。而即使孩子在运动模式、运动时长、运动强度方面都符合要求，但管不住自己的嘴，还是每天大吃大喝，营养过剩，那么，要看到体形上的变化，真可能会遥遥无期。

通过这一问题，我想指出一些父母的认识误区：我们让孩子参加体

能训练，可以有短期的目标，能让父母看到希望，也让孩子练得有成就感、觉得有意思，但长期合理的体能训练，才会给孩子的身心健康带来更大的好处。父母应该把孩子参加体能训练当作一项长线投资，孩子练得时间越长，掌握的方法越准确，孩子的身体状态就会越好。正常情况下，孩子每天参加不少于 1 小时的体能训练，坚持一个月下来，精神状态就会明显改观。这是很健康的生活方式，既然是对孩子有益的，为何不长期坚持？短期看不到效果，有可能是教练的训练方法不对，也有可能是孩子没有练习到位。父母在观察孩子的日常状态时，也需要配合教练，测评孩子的训练效果。

怎样才能知道孩子的体能训练有没有收到效果？我们一般可以从孩子的身体形态和身体素质去测评。身体形态的测评对象一般包括孩子的身高、体重。身体素质的测评对象一般包括孩子的灵敏、速度、协调、力量、柔韧、平衡。对于孩子身体素质的测评包括但不限于以下几种方式 [3]：

- 10 米折返跑

这个项目可以反映出孩子的灵敏度和速度。在平坦的场地上画出长10 米、宽约 1 米的直线跑道若干条，在各跑道折返处设置一个锥形体，孩子跑到折返处，要用手触摸锥形体，然后转身跑回来。记录孩子完成一次折返跑所需的时间。请注意，孩子途中不得串道。

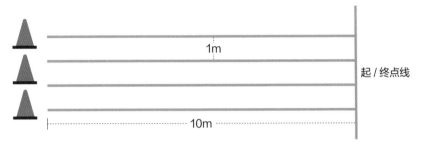

10 米折返跑

• 双脚连续跳

这个项目可以反映孩子的协调性和下肢肌肉的力量。在地面上画出 10 条横线，线和线之间相隔 0.5 米，每条横线上固定一个柔软的扁状障碍物（长 10 厘米、宽 5 厘米、高 5 厘米），让孩子站在起跳线后，做双脚跳，可以单次跳过一个障碍物，也可以两次跳过一个障碍物，但要连续跳过 10 个障碍物。测试孩子完成一轮所需的时间。注意孩子的脚不能碰到障碍物，更不能踩在障碍物上；同时一定要注意避免让孩子摔伤。

双脚连续跳测试

- 坐位体前屈

这个项目可以反映孩子身体的柔韧度，测试时需要借助坐位体前屈测试仪。让孩子坐在垫上，双脚伸直，脚跟并拢，脚掌完全蹬在测试仪平板上；然后掌心向下，双臂并拢平伸，上体前屈，用双手中指指尖推动游标平滑前移，直至不能移动为止。测试两次，记录孩子完成这个动作的最大值。注意孩子的膝关节不能弯曲，同时应避免孩子肌肉拉伤。

坐位体前屈

- 走平衡木

这个项目反映孩子的平衡能力。测试时，需要借助平衡木。设置一块长 3 米、宽 0.1 米、高 0.3 米的平衡木，让孩子以尽量快的速度走过平衡木，记录孩子走完平衡木所需的时间。注意孩子中途不能落到地面上，同时注意避免孩子摔伤。

走平衡木

上述四项测试项目的具体指标评分可以参照《国民体质测定标准手册（幼儿部分）》一书。

通过测评孩子的身体形态和素质，就可以客观地回答"孩子参加体能训练，多长时间才能见效"这个问题。当孩子的稳定表现好于前一段时间时，就表明所参加的体能训练效果更好了。同时，我们也可以通过测评结果，发现孩子在哪些方面表现得比较好，在哪些方面还有欠缺，然后适当地调整孩子的训练计划。这样可以帮助孩子在日后的训练中收获更多。

本章讲述了父母对于孩子参加体能训练的一些常见误区，下一章会详细地介绍如何开展训练，孩子在训练前、训练时、训练后需要注意哪些问题，父母特别关心的六大体能素质应如何练，等等。

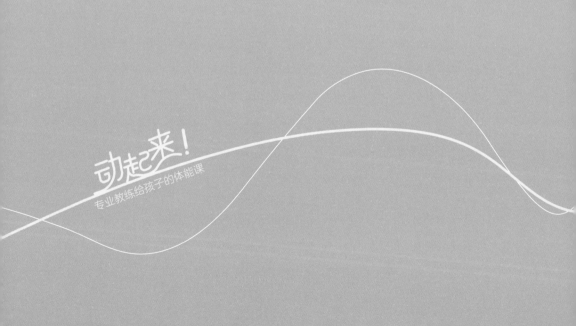

动起来！
专业教练给孩子的体能课

第三章
严谨的父母这样思考
孩子的体能训练

我们并不是因为看到希望才坚持，而是因为坚持才看到希望。坚持正确的思维、正确的选择、正确的训练方法，并持之以恒，才能离目标越来越近。严谨的父母需要有针对性地让孩子参加体能训练。

01

因材施教：
各类身体状况的不同训练侧重点

"胖娃娃"这样练

如今的物质生活水平比十年前、二十年前提高了太多，大家吃得好、睡得好，孩子在家里被当作心肝宝贝一样，是父母们生活中的重中之重。不少父母始终坚持"吃好、喝好，身体自然就好"的理念，孩子营养过剩的现象越来越普遍，再加上缺乏锻炼，"胖娃娃"就越来越多了。

什么样的孩子会被视为"胖"呢？国际上通常认为，BMI（身体质量指数，Body Mass Index）超过 25，就是体重超标；达到或超过 30，或体脂超过 30%，就属于肥胖症。但由于人种不同，这一标准并不十分适合我们中国人。对于我们中国人而言，BMI 介于 27~29.9 之间，就会被定性为肥胖。

对于中国人：

BMI 介于 18.5 至 23.9 之间，属于正常体重；

BMI 大于等于 24，被视为超重；

BMI 介于 24 至 26.9 之间，被视为偏胖；

BMI 介于 27 至 29.9 之间，被视为肥胖；

BMI 大于等于 30，则被视为重度肥胖。

注：BMI= 体重 / 身高的平方（kg/m^2）

尽管我们中国人常常把发胖美其名曰"发福"，并且在现在这个年代还有不少人仍持"胖人三分财，不富也镇宅"之类的观念，就连传统中国年画上也总是把小孩子画得胖乎乎的，象征"福气"，但从医学角度来说，肥胖并不是福，而是祸。虽然肥胖本身并不致命，但胖娃娃今后患糖尿病、胆囊疾病、脂肪肝、呼吸损伤等疾病的几率会大大增加，并且容易出现严重的医疗并发症。而对于肥胖，越早干预越好，越早采取措施，就可越早地帮助孩子及时恢复正常体重，降低患病率。所以，对于胖娃娃，我们需要增加有针对性的体能训练，才能有效降低体重，帮助孩子的身体恢复正常状态。通常，**我们可以通过增加孩子的大肌肉练习和柔韧性练习来达到降低体重、科学减肥的效果。**

大肌肉群一般包括胸部肌群、背部肌群和腿部肌群。为了锻炼到胖娃娃的这些肌群，我们可以采用常见的体能训练项目，比如走、爬、跳、抛接等：

- 走

向前走、倒走、侧身走、踮脚尖走、高抬腿走、蹲走。此外，还可以在这些行走动作的基础上，给孩子的运动适当地增加复杂度，比如，让孩子绕着物体（如摆放多张椅子）走，或者带着物体（如夹、顶、提、抱、挎、抬、背、拉等）走。但请务必注意避免孩子磕碰或摔倒。

- 爬

孩子可以戴手套，也可以把双手放在鞋子里，沿着一定的路线爬行。胖娃娃可以选择直腿原地爬行的方式爬行。请注意让孩子戴好护膝、护腕等护具。

- 跳

跳可以采用多种方式，如立定跳远、双脚跳跃、单脚跳跃、纵跳上箱等。胖娃娃们可以循序渐进地提升跳的复杂度。训练的过程中，家长或教练需多留意，避免孩子摔伤。

- 抛接

将球或相对轻软的物体抛进特定容器（如小筐或塑料桶）中；接住抛过来的球或相对轻软的物体。抛接的距离可以随着孩子的熟练程度而逐渐加大。

针对胖娃娃的大肌肉练习，需长期坚持每天练习 20~30 分钟，这个训练量可在一天中一次性完成，也可在一天中任意时间段内分三次完成。另外，胖娃娃还需增加柔韧性练习，这常常是被忽视的一部分。

豆芽型孩子这样练

豆芽型孩子体形通常比较细长，胸廓狭窄，全身缺乏肌肉、肌力不足，并且体质通常较差，容易生病，如此发展下去，对孩子的学习和成长都会产生不良影响。如果家里有豆芽型孩子的话，父母需要及早带孩子上医院检查，看看是什么原因引起了孩子的消瘦。除此之外，还要让孩子适当地进行体能训练，因为除去疾病因素，孩子的瘦弱大多与身体缺乏锻炼和胃肠消化吸收功能较差有关。进行适当的体能训练，可以提高孩子肌体的消化吸收能力，进而提升孩子的体质，改善孩子的身体健康状况。那么，怎样才算是"适当"的体能训练呢？

并非一般的体能训练项目都适合豆芽型孩子。这类孩子的体能基础比较薄弱，如果训练量不足，难以达到提升孩子体质的效果；但如果训练过量，则容易导致孩子出现疲劳、肌肉酸痛乃至食欲下降的情况，不

胖娃娃、豆芽型孩子、正常体形的孩子

但无法增强孩子的体质，还会因消耗增加而使得孩子更瘦弱，结果适得其反。所谓"适当"，可以从以下两方面开展：

一方面，**由于豆芽型孩子的消化功能比较弱，加强有助于消化器官功能提升的体能训练特别重要**。我建议可以让孩子多参加慢跑、步行、游泳等体能训练项目，因为这些项目可以加快人体内的血液循环，提升孩子胃肠道的消化功能。同时，长期的合理训练能够提升孩子的食欲，还可以增强孩子自身的抵抗力。需要注意的是，训练时间不宜过长或过短，每天 30 分钟左右为宜。

另一方面，**孩子还需要通过肌肉力量的训练，来提升消化吸收系统的功能，恢复正常体形**。如通过仰卧起坐、仰卧举腿锻炼腹部肌肉；通过立定跳远、单脚跳跃、双脚跳跃锻炼腿部肌肉；通过拉弹力带锻炼胸部肌肉并展开胸廓……这些体能训练每周进行 2 次至 3 次、每次 2 组、每组 20 个为宜，并且应该在孩子每个训练部位的肌肉酸痛感完全消失后，再开始下一次的训练，以避免引起损伤。

需要提醒父母的是，豆芽型孩子在进行体能训练之初，应避免如长跑等强度较大的体能训练项目。等孩子逐渐恢复正常体形后，可逐步增加训练强度和时长。

有自闭症倾向的孩子这样练

自闭症又称孤独症或孤独性障碍症，有轻重程度之分。有自闭症倾向的孩子一般会有以下表现：

社交能力较差，很难与他人建立正常的联系；

不喜欢说话；

并不一定存在语言障碍，但对他人说的话题大多不感兴趣；

动作迟缓；

难以适应新的环境；

顽固地坚持某些习惯性做法或原则；

局限于一种或多种刻板的、狭隘的兴趣，并过分关注。[4]

如果孩子有自闭症倾向，父母需要及时采取有效措施，帮助孩子培养社交技能、认知技能和身体技能，帮助孩子尽量去更好地正常学习、生活。体能训练是矫正孩子自闭倾向的一剂良药。父母或教练可以让孩子多参加需要团队合作的体能训练，让孩子多跟其他小朋友交流，慢慢地融入集体中。在训练内容方面，父母或教练可以优先选择孩子比较擅长的或者感兴趣的体能训练项目，减少孩子的抗拒心理。

对于相对复杂的体能训练项目，父母或教练可以将项目动作分解成若干简单的动作来让孩子练习：

先练习第一个分解动作；

练好后，

再练习第二个分解动作；

练好后，

将两个动作合并起来练习；

待第一个合并动作练熟之后，

再练习第三个分解动作；

练好后，

将第一个合并动作和第三个分解动作联合起来练习。

按照这样的方法循序渐进练习，直到孩子把整个项目练熟。训练期间，一定要注意多给孩子鼓励、夸奖，尽量去保持孩子参与训练的意愿。此外，还可以在一些环节上给予孩子物质奖励，比如孩子爱吃的食物，以提升训练的热情。

抛球就是一项相对简单且大多数孩子都喜欢的体能训练项目。父母或教练可以通过反复的抛球训练，提升孩子的神经肌肉控制能力，改善孩子的动作迟缓，增强孩子的感知能力和平衡能力，逐步缓解孩子的认知障碍。抛球的距离可以根据孩子的熟练情况逐步增加，并可以开展群体性的抛球活动，让有自闭症倾向的孩子和其他孩子一起练习，增进孩子们之间的交流，帮助孩子提升沟通能力和社交能力。

有多动症倾向的孩子这样练

"妈妈，不好玩，我不想练了。"有的孩子参加活动，没几分钟就厌烦了，而且在学习方面也这样，注意力难以集中，缺乏情绪控制力，这有可能是多动症导致的。多动症又称注意缺陷与多动障碍，是儿童阶段常见的精神行为障碍，无论是对孩子的学习还是对其今后的工作、生活，都会产生负面影响。所以，如果父母发现孩子有多动症倾向，要尽早带孩子上医院接受必要的心理治疗或药物治疗，另外，运动治疗也是十分必要的。运动可以增强孩子的大脑发育，提高孩子的自控力，并给予孩子发挥自身优势的机会，训练其对事情的专注能力。患有多动症的孩子一般会有以下的一些表现：

非常好动；

注意力难以集中，容易受到外界刺激的干扰；

有冲动行为，严重的还有健忘、攻击、破坏等表现。

需要指出的是，多动症孩子与好动的孩子在表现上是有区别的：

● 多动症孩子的表现

很难控制注意力或不受干扰地专心于某一事件；

无法约束自己；

缺乏明确目的地动个不停，与所处环境不协调；

做双手快速翻转轮换动作时，显得笨拙；

服用中枢神经兴奋药后，较快地表现出安静、注意力相对集中。

● 好动孩子的表现

可以专心致志地面对自己感兴趣的事情；

在新环境中能够暂时约束自己；

好动，但有一定的原因和目的；

做双手快速翻转轮换动作时，表现得灵活自如。[5]

在体能训练过程中，对于有多动症倾向的孩子，需要进行多种项目的交替训练，如游泳、跑步、蹦床、平衡木等，一方面可以降低孩子的厌倦心理，另一方面还可以释放孩子的多余精力。需要注意的是，由于有多动症的孩子注意力集中时间较为短暂，训练时父母或教练一定要注意孩子的安全，避免孩子受伤。

02

理清次序：
动作模式—基础力量—速度／灵敏训练

一般而言，一节体能训练课的基本结构包含以下环节：

打开关节活动度

动态拉伸

功能激活

主题板块

力量板块

心肺功能训练

有氧无氧

拉伸放松

那么，是不是父母在指导孩子参加体能训练时，孩子的第一节课就是以这样的次序开展的呢？不是的。我之所以谈这个，是因为有些父母和孩子有心急的倾向，父母希望能尽快看到孩子参加体能训练的效果，孩子则更喜欢做各种不同的动作，图新鲜。这是人之常情，而我要强调的是，欲速则不达。训练本身并不都是困难的，真正的难点在于以正确的方式持之以恒地开展下去。

体能训练是一个循序渐进的过程，无论是哪个年龄阶段的孩子，选择什么样的体能训练项目，都需要从建立基本的动作模式开始练起，然后加强基础力量训练；孩子有了基础力量之后，才可以开展速度训练和灵敏训练。

动作是体能训练的基本单位，任何一项体能训练项目都是由若干个动作连接组成的。孩子完成动作模式的标准程度，在很大程度上影响着孩子体能训练的效果。传统的体能训练是以速度、力量、耐力、柔韧、灵敏、协调等身体素质作为训练模块，这种训练模块有其优点，但也同时会出现有些运动者尽管身体素质发展得很好，而且身体外形也很强壮，但就是在场上跑不快、跳不高、停不住、转不动[6]。究其根本原因，在于没有把握透彻动作模式。**儿童时期是动作模式习得的重点时期，因此，一定要十分重视孩子在参加体能训练时的动作模式训练，不可好高骛远，急于开展力量或灵敏等训练。**

- 三到四岁的孩子

三到四岁的孩子，身体还比较弱小，动作模式训练和基础力量训练是这个年龄阶段孩子的训练主题，其中，应以动作模式的训练为重点。

因为这个年龄阶段，是动作模式建立和形成的关键期。孩子从动作模仿学习开始，不断构建自己的肢体动作库，从而让大脑与肢体建立更好的连接，进而达到通过大脑掌控自己身体的目的。

● 五到六岁的孩子

这个年龄段的孩子，身体的发展迎来了第一个速度窗口期，从会走和慢跑开始向跑得快、反应快、动作快发展。动作模式训练和基础力量训练依然是这个年龄阶段的训练主题。力量是体能的基本素质，没有足够的力量，体能训练就无法达到目标效果，因此必须加强基础力量的训练。但速度训练和身体灵敏训练也应成为这一时期的训练重点。

● 七岁以后的孩子

七岁以后，大多数有体能训练基础的孩子都已经能够掌握自己的身体，喜欢有挑战性的内容，但是又还没有学到很好的办法去应对挑战。这个时候，技巧性训练就应该加入孩子的体能训练目标当中。这一时期，除了让孩子学会运用自己的身体之外，动作模式训练、基础力量训练、速度灵敏训练依然不能松懈。

		≥ 7 岁
	5~6 岁	速度 / 灵敏
3~4 岁	力量	力量
动作模式	动作模式	动作模式

各年龄阶段的孩子参加体能训练的训练重点

03

六大项体能素质怎样练

孩子的体能素质是需要从小培养的。一些父母可能不大清楚体能素质是什么，孩子对此也缺乏概念，提到参加体能训练，就想到今后成为体坛明星。这个想法是美好的，而我要强调的是，参加体能训练是为了提升孩子的体能素质，让孩子更加健康快乐地成长。所谓体能素质，包括六大项：

心血管耐力（心肺耐力）

肌适能（肌肉力量和耐力）

灵敏性

平衡性

协调性

柔韧性

针对这六大项的训练构成了体能训练的基本内容。每一项都有其独特的重要性，不可偏颇。但由于孩子正处于长身体的时候，身体承受的限度远不及成年人，因此每个项目的训练顺序和强度都不可一概而论，更不可以用成年人的训练方法来训练孩子。与此同时，我们要始终牢记，**孩子参加体能训练，更应该强调训练的过程，而不是训练的结果。**另外，我们还要注意训练项目的趣味性，以保持孩子参加体能训练的热情。

孩子的六大项体能训练均应遵循渐进、规律、坚持等原则。**肌适能训练适合的间隔练习时间为 2~3 天，可以让孩子的身体有时间调整适应。除此之外，其他项目的训练最好每天都开展，总活跃时长以 60 分钟左右为宜。**

心血管耐力（心肺耐力）训练

相信你肯定注意到过这样一个现象：有人爬楼梯，爬两三层楼就气喘吁吁；有人爬好几层都还神采奕奕。是什么原因造成的呢？这是心血管耐力不同导致的结果。在本书第一章，我们讲了体能训练对心血管系统的好处，这里我们就详细地讲一讲孩子的心血管耐力该怎么练。

心血管耐力训练的主要目标，是增加孩子心脏输送到肌肉的氧气量。因为没有足够的氧气，人体就无法长时间地运动，孩子就容易出现爬两三层楼梯就气喘的现象。常见的儿童心血管耐力训练活动包括连续

性活动、间歇性活动、法特莱克变速训练（Fartlek Training）等，孩子的具体训练活动项目组合方式可以根据实际训练条件而改变。

- 连续性活动

孩子天生好动，长时间的、单调的训练动作对孩子是没有吸引力的。针对这种情况，我们可以选择连续性的活动，如慢跑、跳绳、游泳、广播体操、健身操等相互交替练习，并在每项活动之间配合短暂的休息：

做广播体操　每一次让不同的孩子领操，让每一个孩子都有领操的机会。

休息 5 分钟。

慢跑　让孩子结伴慢跑 10 分钟，期间鼓励孩子互相交流，锻炼孩子的社交能力。

休息 5 分钟。

游泳　孩子做完热身活动后，游泳 15 分钟左右，提高心血管系统机能。

- 间歇性活动

间歇性活动指的是休息或低强度训练与高强度训练交替的身体活动，可通过调整训练项目的距离、强度、重复次数、恢复时间等来实现间歇训练。可能有父母要问："间歇性活动和连续性活动有什么区别？为什么要做间歇性活动？"我简单地回答，间歇性活动跟连续性活动相比，训练的总时间更长、总活动强度更高。如：

慢跑间歇训练	跳绳间歇训练
热身　5 分钟	跳绳　20 下
中速跑　50 米	慢跑　50 米
慢跑　150 米	跳绳　20 下
中速跑　50 米	慢跑　50 米
慢跑　150 米	跳绳　20 下
中速跑　50 米	慢跑　50 米
放松　5 分钟	

- 法特莱克变速训练

法特莱克变速训练对很多父母和孩子来说，可能比较陌生，它是一种通过地形来控制训练强度和速度的活动，包括上坡跑、下坡跑、跳跃、踩踏障碍物等，可以有效训练孩子的心肺耐力。该训练需要的场地比较大，需要的器材相对比较多，同时也是比较有趣的项目，孩子的参与意愿比较高：

起点—慢跑 10 米—快速跨过（画在地上的）圆圈—快跑 20 米—跨过 60 厘米高栏架—跨过 20 厘米低栏架—慢跑 10 米—踏过 5 个轮胎—快跑 30 米—跳过（画在地上的）1 米左右的"河"—

慢跑 10 米—绕障碍物做 S 形跑—爬（圆筒物做成的）隧道—快跑 20 米—在垫子上翻滚 2 下—慢跑 10 米—绕障碍物做 Z 形跑—终点

肌适能（肌肉力量和耐力）训练

肌适能又称肌肉力量和肌肉耐力。肌肉力量是肌肉或肌肉群在一个动作或重复动作中产生最大的力量来对抗阻力的能力。肌肉耐力是肌肉或肌肉群在一段时间内产生力量来对抗阻力的能力 [7]。我们为什么要提升孩子的肌适能？简单地说，我们身体的每一处肌肉的力量，都需要适当地发展，这并不是说要把孩子训练得跟大力水手一样肌肉发达，而是要提升孩子肌肉的力量和耐力，去帮助他们适应日常生活、运动和意外事故的需要。可以说，肌适能好的孩子，平时不容易受伤，即使受伤，也会比肌适能差的孩子恢复得更快 [8]。**12 岁以前的孩子利用自身重量进行肌适能训练即可，不需要也不应该执行大重量举重练习，以避免身体损伤。**

针对孩子的常见肌适能训练方法包括徒手练习、传球练习、身体支撑练习等，主要针对肩膀、手臂、胸部、背部、躯干和腿部等身体部位进行训练。

徒手练习包括模仿各种动物爬行（如乌龟爬、螃蟹爬）、上下台阶走、单脚站立、侧抬腿等，每项练习每次不超过 3 分钟，如果孩子感觉到不适，就要马上停止练习，避免对孩子身体造成伤害。

上下台阶走　搭设一个类似台阶的坚固方形物体，孩子前进走上台阶，然后退回来下台阶，如此反复。

单脚站立　站直，双手放在髋部，抬起一只脚，放在另一条腿的膝盖内侧，保持 10 秒钟左右，然后换脚，身体要尽量保持平衡。

侧抬腿　侧躺，左手撑住头部，右手撑住地面稳定身体，向上抬右腿 10 下；然后换右手撑住头部，左手撑住地面，向上抬左腿 10 下。

灵敏性训练

很多朋友小时候身体柔韧性不错，长大了慢慢地就会发现身体肌肉越来越僵硬了，毫无韧性可言；哪怕是平时总练习身体柔韧性的人，只要长时间不练，柔韧性也会明显下降；同样，训练赛跑的人，长时间不跑步，速度也会慢下来；举重运动员长时间不锻炼，力量也会降下来。但大家有没有想过，我们小时候学会了骑自行车，即使十年八年没有骑，再骑时蹬上自行车就能骑走。这是为什么呢？我可以从体育专业的角度告诉大家，这是人身体素质中的灵敏性在起作用。

灵敏素质是我们的重要身体素质，是指人体在变换的环境中，迅速改变位置、变换动作的能力，其目的是为适应外界环境变化或者主动影响环境的变化。灵敏素质是各项身体素质和运动技能在运动过程中的综合表现。跟柔韧、速度、力量等其他身体素质的训练不同，灵敏性训练

具有持久性，也就是说，只要掌握了某一方面的灵敏性，即使不继续参加训练，还是能够保持灵敏，有点类似我们常说的"一劳永逸"。

从儿童时期就开始灵敏性训练，可以帮助孩子更准确、更快速地完成体能训练动作，同时很大程度地避免训练过程中受伤，并灵活地控制身体各个关节的细微活动。灵敏性训练可按照程序化灵敏素质训练法和随机灵敏素质训练法来训练。

● 程序化灵敏素质训练

这种训练方式是在已知的运动方式和要求下进行的，按照已经明确的标准运动方式来改变运动方向，可以帮助孩子提高其力量、爆发力和身体控制能力，如绕障碍物做 Z 字形跑、六边形跳：

Z 字形跑

在场地上摆放 6 个锥形筒，每隔 1.5 米摆放一个，让孩子绕锥形筒跑，不得碰撞到锥形筒，往返跑为 1 组，每次 2~3 组。

六边形跳

在场地上画一个边长为 1 米（可根据孩子年龄大小适当调整）左右的六边形，让孩子从六边形的一个角跳到另一个角，如此循环。

● 随机灵敏素质训练

这种训练方式是在未知的运动方式和要求下进行的，孩子会有自发的行为，视突发的信号迅速反应并行动，更有利于锻炼孩子的灵敏素质，如听喊号追逐跑、接不定向抛球：

听喊号追逐跑

将孩子分为 2~3 组，每组 6~10 个孩子，每组人数相等，组与组之间相隔 2 米；站在排头的孩子为 1 号，第二个孩子为 2 号，以此类推。

孩子需要牢记自己的号数并提高警觉，教练喊到哪个数字，代表着该数字的孩子就要迅速出队，绕着自己所在的队伍逆时针跑一周，并回到自己的位置。

接不定向抛球

两个孩子一组，面对面距离 1.5~2 米，其中一个孩子向不确定的方向抛球，另一个孩子快速反应接球；完成 10 次抛接后，两人互换角色。

平衡性训练

有父母问过我，为什么一群同龄孩子中，自己家的孩子好像总是容易摔倒，但别人家的孩子活蹦乱跳却也很少摔倒？这其中，除去伤病等特殊原因外，孩子的平衡能力发挥着很大的作用。

我们这里所说的平衡，是指身体所处的一种姿态以及在运动或受到外力作用时能自动调整并维持姿势的一种能力。人体的平衡能力可分为

静态平衡和动态平衡。静态平衡维持人体在坐、站等一定的静止状态时期内的平衡。动态平衡维持人体跑、走、跳等运动状态时的平衡。进行平衡性训练，可促进孩子更准确地完成体能训练动作，避免失衡、摔倒等意外情况的发生。

● 静态平衡的常见训练方法

单腿站立

让孩子站直，两臂侧平举，抬起左脚，右脚站立 5 秒；复位放松，抬起右脚，左脚站立 5 秒，两脚交替连续做，可视孩子的平衡状态逐渐延长单腿站立的时间。

一字脚站立

孩子的脚跟对脚尖站立，两臂侧平举，保持 30 秒钟，让孩子感受身体平衡。

● 动态平衡的训练方法

动态平衡的训练方法有很多，大多是比较受孩子欢迎的，比如前脚掌走、走梅花桩、滚轮胎、闭目走、窄道走、荡秋千、踩高跷、跳蹦床等，适合不同的年龄段的孩子。这里，我们详细介绍前三项：

前脚掌走

适合大多数年龄段的孩子，孩子站直，踮起脚，用前脚掌向前走，每次走 10 米，可视孩子年龄的大小适当增加距离。

走梅花桩

在场地上布置 10 个 10 厘米高的梅花桩，间隔 30 厘米，让孩子在桩上行走。可根据孩子的年龄适当调整梅花桩的间隔和高度。

滚轮胎

确定一条 10 米长的直线，让孩子沿着直线滚轮胎行走，不能弄倒轮胎。可根据孩子年龄适当调整滚轮胎的距离。

协调性训练

协调性又称协调素质，是指人体不同系统、不同部位、不同器官协同配合完成技术动作的能力，协调能力是完成动作技术的重要基础。人们从在地上爬来爬去的婴儿时期开始，就在锻炼身体的协调性。**儿童时期是培养良好协调性的关键期，一般 3 到 6 岁孩子的协调能力正处于发展的过程中，我们只需要加以引领，孩子的协调性就能很快被提升起来。**只有具备良好的协调性，孩子的其他身体素质（如速度、灵敏等）才能更好地发挥出来。

孩子的协调性训练要注重手、脚、眼以及身体其他各部位的协同配合，同时也应该避免扭伤、摔倒、碰撞等意外发生。常见的方法有跳绳、拍皮球、走平衡木等。

跳绳

手甩动绳子的频率必须和脚跳起来的频率一致，要求孩子有

较强的大脑协调能力。一般每次跳 1 分钟为宜，可以根据孩子的熟练程度提升频率。如果出现腿酸，须立刻停止练习，等到酸痛情况完全消失才能再开始训练。

拍皮球

要把握皮球弹起的时机和高度，手、眼、足协同并用。可以以 1 分钟为单位计算拍球的次数，并可根据熟练程度逐步提升拍球的频率。建议左右手都进行训练。

走平衡木

在场地上摆放 3 根长度不等（2 米、5 米、10 米）的平衡木，根据孩子的协调能力训练其走平衡木的距离。

柔韧性训练

有父母问过我："我们的孩子不学跳舞，只训练体能，也要练柔韧性吗？"我可以很负责任地回答：要练！而且还是十分必要的。柔韧性是指身体某个关节或关节组活动范围的幅度以及肌肉、肌腱、韧带等软组织跨过关节的弹性与伸展能力 [9]。医学研究发现，较好的柔韧性不但可以降低肩膀、膝盖、踝关节等人体各部位的扭伤概率，还可以大幅减少运动系统疾病。

一般说来，孩子在儿童时期的柔韧性本身就很好，但是如果不坚持训练，柔韧性就会随着孩子年龄的增长而逐渐变差。**7 岁以前是孩子柔**

韧性练习的黄金期。因为这个时期孩子的关节面角度比较大，软骨厚，关节内外的韧带比较松。**如果错过了这个最佳时期，就需要在 12 岁以前尽量地让孩子的柔韧性得到较好的发展。**因为 12 岁以后的孩子生长发育比较快，身高和体重都会明显增加，柔韧性明显下降，练习效果会受到一定影响。

常见的柔韧性训练方法有静态拉伸、动态拉伸和弹震拉伸三大类。对于孩子来说，动态拉伸和弹震拉伸的快速、跳跃性的动作都比较难控制，相比之下，静态拉伸的动作更为安全。所以，孩子的柔韧性训练应该以静态拉伸为主。同时，我们还要注意到，**孩子的关节牢固性是比较差的，骨骼容易弯曲变形，所以在进行柔韧性练习的时候，应该让孩子注意每个动作都要慢做、主动去做，**而不是快速地完成一个动作，更不能让别人用力掰、压孩子的身体部位。

静态拉伸是把某个部位的肌肉慢慢拉伸到自己感觉到轻微紧张的程度，然后保持 10~30 秒。切记，**要让孩子仔细感受拉伸的程度，以孩子自身感觉紧张为止，而不是要拉伸到疼痛。**常见的静态拉伸方式有以下几种：

颈部拉伸

（1）低头，将下巴尽量向胸部中央靠；

（2）侧头，将头分别尽量向左、右方转；

（3）仰头，将头尽量向脑后方仰。

肩部拉伸

双手合十，向正上方伸直手臂，全身挺直，双臂稍向后靠。

背部拉伸

站直，把双手抬高到胸前，双手十指交扣，掌心朝外，伸直双臂，并将肩部尽量向前推出。

腰部拉伸

跪在垫子上，双膝分开与肩同宽，身体尽量往后靠。孩子的双手要注意支撑身体，避免摔倒。

大腿拉伸

坐在垫子上，双脚脚掌合并靠拢，膝盖尽量向地上压。注意孩子要保持坐姿端正。

小腿拉伸

面对墙壁，右膝盖弯屈，双手手掌贴墙支撑住身体，左腿向后伸直，左脚跟紧贴地面，尽量向前移动髋部，两脚交替连续做。注意孩子的脚跟不能离开地面。

腿后肌拉伸

平躺于垫子上，右腿伸直，左膝弯屈，尽量拉向胸部，保持10~20秒，放松，左右腿互换。注意孩子的头部要始终保持与地面接触，提拉动作一定要慢。

04

训前注意事项

　　孩子天生好动并且考虑事情不会像我们大人那么周全，看到自己喜欢的事情就想马上去做，甚至全力以赴，比如容易歇斯底里地去奔跑，换上泳衣就想立刻跳进泳池里游泳，很少想到要热身。而无论是心血管耐力（心肺耐力）训练，还是肌适能、速度、灵敏、平衡、协调、柔韧等训练，开展体能训练前，都应该进行训前热身。"这是为什么呢？"因为我们的身体在比较安静的情况下，血液的循环需要服务于大脑、脏器、腺体和神经系统等；而当人体处于活动的状态时，肌肉需要大量的血液，于是血液就会快速流向肌肉，这必然导致大脑等其他部位的血液量迅速减少，给它们的正常工作带来很大的干扰。而热身这个程序，可以让我们的大脑等其他身体部位慢慢适应血量降低的情况，避免突如其来的变化给我们的身体机能带来的负面影响。**总而言之，参加体能训练一定要进行热身。另外还要注意训练前 30 分钟不要进食、大量饮水，并且不宜感冒运动、空腹运动等。**

训练前不宜做哪些事情

很多父母总担心孩子会饿或者渴，出门也好，在家也罢，常常给孩子备着各种好吃的好喝的。也有一些父母，认为孩子需要补充各种营养，所以一有机会就会让孩子吃这喝那。这放在平时并不是什么问题，然而需要提醒家长的是，孩子参加体能训练前，还真不能随便吃吃喝喝。

- 训练前 30 分钟不宜进食

这是因为孩子吃了东西后，肠胃需要大量血液来消化食物；而体能训练的过程中，孩子的手、脚、躯干等部位也需要大量的血液来提供能量。于是，一场关于血液的争夺赛不可避免地开始了，但结果是并没有赢家：因为缺少血液，孩子的肠胃无法正常完成消化食物的工作，导致了消化不良，影响了孩子的身体健康，久而久之，还会产生各种胃病；而因为手、脚、躯干的血液不足，孩子训练的过程中会缺乏力量，身体也容易受伤。所以即便出于补充能量还是补充营养等原因，父母也不应该让孩子在训练前 30 分钟吃东西，如果不得不吃，那就需要注意进食时间，让孩子消化半个小时之后再开始体能训练。

- 训练前不宜大量喝水

相比进食，开展体能训练前喝水的禁忌则稍微宽松一些。训练前可以喝少量的水，比如孩子很渴，可以让孩子喝一小口水，以补充身体水

训前禁忌

分。但训练前大量饮水则是错误的，因为孩子的肚子里有很多水的话，训练时容易腹痛，无法正常完成训练，严重的话还会引发肠胃疾病。

● 不要空腹训练

那么，会有父母问了，既然训练前不宜吃喝，那我早上让孩子先什么也不吃，去跑两三圈步回来再吃早餐，总该可以了吧？对不起，空腹训练也是不应该的。空腹意味着已经很久没有进食了，这种状态下我们的身体十分缺乏能量，容易引起心律失常，无法正常完成体能训练。尤其是对于正在长身体的孩子而言，在空腹的状态下进行训练，不但容易引发低血糖导致孩子头晕甚至晕倒，长此以往，还会导致孩子营养不良，影响孩子的健康成长。

● 感冒时也不适合参加体能训练

孩子感冒时，身体会比平时虚弱、四肢乏力，做几个训练动作就会疲劳。一些父母误以为孩子感冒时去参加体能训练，可以增加孩子的抵抗力，让孩子快点好起来。但事实恰恰相反。由于我们有自我免疫功能，孩子感冒时，身体里的白细胞会武装起来，跟入侵人体引发感冒的病毒或细菌展开激烈的战争。而如果此时进行体能训练，会使得孩子的体温上升，导致免疫系统紊乱，扰乱白细胞的战略战术，结果可能适得其反，会导致孩子的感冒变得更加严重。因此，孩子感冒时应该避免参加训练，否则不但得不到训练的预期效果，还很可能会让孩子的病情加重。

热身的顺序及动作要领

一般而言，训练前的热身程度，以孩子感到身体微微发热为宜。不同年龄段的孩子训练的强度不一样，热身的时长也略有不同：

3~4 岁的孩子热身 3~4 分钟；
5~6 岁的孩子可热身 5 分钟左右；
7 岁以上的孩子可以热身 10 分钟左右。

但是，在户外训练的话，如果天气比较炎热，应当适当缩短热身的时长；相反，如果天气比较寒冷，身体热起来比较慢，则可以适当延长热身的时长。

热身时，可以按照从上到下的顺序来热身，即先从颈部开始，再到肩部、手臂、手腕、腰部、大腿、小腿等，按照由慢到快、由集中到分散的原则来完成。

颈部放松

向前点头 2 下，向后仰头 2 下，向左侧点头 2 下，向右侧点头 2 下，前后左右各点头 2 下为 1 组，连续做 4 组。注意孩子点头的力度不要过猛，动作不要太快。

肩部旋转

双脚分开与肩同宽，右手五指放在右肩上，左手五指放在左肩上，以肩关节为中心点，双臂同时逆时针旋转 4 下，然后同时顺时针旋转 4 下，为 1 组，交替旋转 4 组。注意孩子的动作要稍微缓慢，旋转幅度要尽量大。

手臂旋转

双脚分开与肩同宽，伸直两个手臂，以肩关节为中心，如肩部旋转的方法，交替做 4 组。注意旋转的动作要稍微缓慢，旋转幅度要尽量大。

手腕旋转

双手在胸前交叉互握，左右腕交替顺时针旋转 8 下，然后逆时针旋转 8 下，是为 1 组。连续做 4 组。注意旋转的速度不要过快。

扭腰

双手叉腰，双脚分开与肩同宽，顺时针扭腰8下，然后逆时针扭转8下，是为1组。连续做4组。注意孩子扭动的动作要稍微缓慢，旋转幅度要尽量大，头部不能动。

弓步压腿

双手叉腰，左腿向前迈出一大步，左膝关节弯曲呈90°，右腿和右膝盖伸直，上半身缓缓向下压，8下为1组，复位放松，然后双脚互换，交替连续练习4组。注意孩子的身体要和地面垂直，两脚脚跟不能离开地面，速度要慢，避免用力过猛。

抬腿

两臂侧平举，双脚分开与肩同宽，抬头挺胸，左小腿向后抬3秒钟，左腿落地然后右小腿向后抬4下，右腿落地，是为1组，交替练习4组。注意小腿抬起的高度要尽量高。

踏步

双手交替前后摆，同时左右脚交替踏步，8下为1组，连续做4组。

脚踝旋转

双脚交替用脚尖点地画圈，顺时针扭动脚踝8下，然后逆时针扭动8下，是为1组。连续做4组。注意旋转的速度不要过快。

·05·

训后注意事项

在本书第一章中我们分享了体能训练能够给孩子带来的好处，但训练后应该有所为、有所不为，才能更好地达到训练的效果。这一节我们就来讲一讲训练后，孩子不能做什么、应该做什么，父母也要多加留意，督促孩子。

训练后不宜做哪些事情

不知道大家有没有注意到一点，我们国内的健身房一般空调冷气都开得很大。有人可能要说，锻炼会很热，空调温度调低些，挺好的呀！其实这是不科学的，尤其是对孩子而言。我们训练后满身大汗，经过空调口被冷风猛吹，体温迅速下降，忽冷忽热的情形下就特别容易感冒。所以，训练后要避免做一些事情，否则就会事与愿违，影响孩子的身体健康。那么，孩子参加训练后不适合马上做的事情都有哪些呢？简单地说，就是"六个不"：不歇、不游、不吃、不喝、不凉、不热。

● 所谓"不歇"，就是不能立刻休息

剧烈运动后，蹲着、坐着、躺着都不合适。有些孩子可能会觉得体能训练比较累，训练一结束或者中途休息，就想立刻蹲下来或坐下来休息。这是很常见的做法，却不是正确的训后休息方法。因为训练后，身体各部位都处于兴奋的状态，不少血液还在四肢工作。如果这时马上蹲下或坐下甚至躺下，会影响身体里的血液循环，加深肌体疲劳。正确的做法应该是训练后慢走片刻，甩甩手，帮助四肢的血液回流到心脏，慢慢恢复正常状态。

● 所谓"不游"，就是剧烈运动后不能立即游泳

尽管游泳也是重要的体能训练项目，但是，如果孩子参加其他训练项目，剧烈运动后大量出汗，就不能马上游泳了。因为孩子在大量出汗时，身体的毛细血管是扩张的，这个时候去游泳，会导致毛细血管遇冷而收缩，血流减慢，孩子的抵抗力会降低，容易生病。另外，因为刚训练完别的项目，孩子的肌肉还处于兴奋状态，而肌肉忽然遇冷，就容易发生痉挛，引发溺水事故。

● 所谓"不吃"，就是不能立即吃东西

孩子参加体能训练后，由于消耗了大量的能量，可能会感觉肚子饿，吃东西就成为不少孩子犒劳自己努力锻炼的首选。但是，孩子需要控制一下自己，父母也要牢记，要等上 30 分钟左右再吃。因为体能训练后的一段时间内，血液还集中在四肢等其他身体部位，这个时候的胃肠道还处于相对缺血状态。如果这个时候孩子吃东西，会导致肠胃和肌

肉开战争夺血液，会增加消化器官的生理负担，长此以往容易引发肠胃疾病。所以，孩子需要等 30 分钟左右待身体恢复平静后，再吃东西。

- 所谓"不喝"，就是不能立刻大量喝水

参加剧烈的体能训练后，孩子大量出汗，体内的水分、盐分和钾、钠、钙、镁等电解质会随汗液排出而流失。这个时候，孩子体内处于电解质紊乱的状态。如果训练后马上喝大量的水，不但不能及时补充盐分，还会加剧电解质紊乱的情况，增加心脏负担，甚至会引起肌肉痉挛。所以，孩子应该在训练结束的几分钟后再喝水，可以喝少量的淡盐水或温开水，并且不能暴饮，要慢慢喝，减少对胃的冲击，避免胃部受到猛烈冲击而引发肚子疼。

- 所谓"不凉"，就是不能骤降体温

夏天参加体能训练，人体容易出汗，甚至大汗淋漓。这时，父母或者教练就要提醒孩子们了，不要贪图凉快，一练完马上进入空调房，或者用冷水冲头、洗澡，吹冷气、吹风扇等。因为身体体温骤降，会使毛孔突然紧缩闭合，汗液无法正常排出，生理功能失调；另外，忽热忽冷还容易导致孩子感冒、腹泻等。

- 所谓"不热"，就是不能立刻洗热水澡

因为孩子参加体能训练后，身体的血液还大量分布在四肢和皮肤浅层，如果刚训练完就洗热水澡，孩子的皮肤温度会升高，容易导致更多的血液流向肌肉和皮肤。要知道，我们身体的血液是有限的，大量的血液停留在肌肉和皮肤，就会引起心脏和大脑的供血不足，从而引发头晕、呼吸困难等不适情况。所以，父母要留心，要等孩子体能训练结束后休息 20~30 分钟，再让孩子洗热水澡。

不拉伸，适得其反

相信我们都有这样的经历，爬山后的第二天小腿会酸疼。这是因为我们的腿部在登山的过程中，长时间做无氧运动，腿部产生了大量的乳酸。孩子参加体能训练，有时候会肌肉酸疼，除去受伤等特殊原因之外，也常与乳酸堆积有关。能够有效避免这一情况的方法就是运动后要拉伸肌肉。孩子参加体能训练好处多多，拉伸是不容忽视的环节，如果训练后不拉伸，则会收到适得其反的效果：

- 身体容易变形

训练后不拉伸，肌肉容易失去弹性、柔韧性，长此以往，孩子容易出现驼背、身体某些部位变粗或变厚等形体问题，比如跑步后不拉伸，小腿容易变粗等。而训后拉伸肌肉可以让肌肉舒展开来，并促进血液循环，避免孩子的身体变形。

- 胖娃娃瘦得慢

训练后不拉伸，孩子的肌肉运动能力会变弱，想把多余脂肪减下去的胖娃娃会发现自己瘦得比经常做拉伸的孩子慢，因为拉伸可以有效增加肌肉的伸缩性，可以更好地锻炼肌肉，从而提升训练效果，多余的脂肪自然被燃烧得更快。

- 引发身体疼痛

训练后不拉伸，二氧化碳等废弃物就难以被及时排出，会导致乳酸堆积，使孩子的局部肌肉压力增大，时间长了，肌肉就会疲劳，甚至出现伤痛。这样，孩子不但难以继续训练，还会出现身体受到损伤的情况。而拉伸可以通过促进血液循环来缓解肌肉紧张，帮助痉挛的肌肉恢复正常状态，减少酸痛。

所以说，训练后一定要拉伸。拉伸本身并不难，只是会花掉一些时间，另外，孩子可能会犯懒，训练完就想尽快休息，这个时候就需要父母或教练多多监督。训练后拉伸有利于促进血液循环，帮助肌纤维恢复原状，降低肌肉疲劳，并保持肌肉的伸展性，提升身体的协同性，避免身体损伤。拉伸的部位对应训练的部位，如训练了跳跃，就拉伸大腿小腿；训练了投掷，就拉伸上背部。需要注意的是，拉伸是一种放松肌肉的方式，所以拉伸动作一定要慢。如果拉伸过快，孩子很可能会因为控制力度不到位而把肌肉拉伤。每个拉伸动作保持 10~15 秒，就可以得到很好的拉伸效果。

06

姿态矫正：矫正孩子的多种不良体态

孩子的含胸、驼背、头前伸、脊柱侧弯、高低肩、X形腿、O形腿、外八字脚、内八字脚等不良体态，是不少父母困扰已久的问题。不良体态不但会影响孩子的外在形象，还会阻碍孩子骨骼的健康生长，甚至影响到神经系统的运转，对孩子的身心、学习和今后的工作都会产生不良影响。所以，父母要密切关注孩子日常的站、立、坐、行等体态，如果发现孩子有不良体态，就得及时提醒并矫正。当孩子出现了不良的体态时，父母还需及时带孩子上医院检查，确定原因，并在医生的指导下进行矫正练习。因为不良体态都是由浅入深、由轻微到顽固的，防微杜渐十分必要。

含胸、驼背、头前伸

我们都希望自己的孩子体态端正，精神抖擞。男孩本应挺拔英俊，女孩本应亭亭玉立，而一个"头前伸"，着实会使孩子的形象大打折扣。

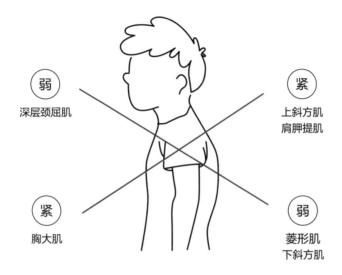

弱　深层颈屈肌

紧　上斜方肌　肩胛提肌

紧　胸大肌

弱　菱形肌　下斜方肌

上交叉综合征的常见体态和受力分析

然而还有比形象更重要的，那就是健康。含胸、驼背、头前伸是上交叉综合征的常见体态。上交叉综合征又称寒背，属于一种涉及脊椎正常生理弯曲的偏离，如果缺乏针对性的训练，不但会导致孩子的体态难以矫正，还会严重影响生活质量：如颈椎酸痛，压迫神经导致肩部、手部麻木；颈曲减小，导致大脑供血不足、缺氧；呼吸不畅，影响肺功能；圆肩姿势会使横膈膜紧张短缩，造成对大动脉和腔静脉的压迫，影响孩子的心脏功能等[10]。

要矫正孩子含胸、驼背、头前伸的体态，我们就要先理清楚肌肉的受力情况。从受力的角度来说，上交叉综合征属于肌肉不平衡：胸大肌

过紧及缩短，相对的肌肉——菱形肌和斜方肌中下束则被拉长及软弱，直接影响脊椎正常生理弯曲，使胸椎向后弯曲更多，这样就很容易造成菱形肌损伤[11]。因此，需要有针对性地改变这种肌肉受力不平衡的状况。孩子有以上体态问题的父母可以在医生的指导下，帮助孩子开展以下的常见矫正练习：

背手拉伸

双脚分开与肩并宽，双手置于身后，十指交叉握紧，尽量向上抬，保持 10~15 秒，复位放松，重复 10~15 次。注意孩子的身体要始终保持在一条直线上，不要向前倾。

伏地挺腰

让孩子俯卧在垫子上，双腿伸直并拢，双手将身体尽量撑起，头部尽量往后仰，保持 10~20 秒，复位放松，重复 10~20 次。注意孩子要保持腹部贴地，而不是膝盖或大腿贴地。

靠墙举手

背靠墙壁，双脚分开与肩同宽，头、背、手臂、手腕背部紧贴墙面，双手紧贴墙面向上移动，背部即将离开墙面时，双手向下移动，复位放松，重复做 3~5 次。注意动作要慢，孩子的头、背要始终紧贴墙面。

上交叉综合征的练习动作主要是平衡胸大肌、菱形肌和斜方肌等肌肉的力量，除此之外，父母还要监督孩子时刻注意保持正确的姿态，如坐立要端正，不要长时间低头，不要背太重的书包，避免睡太软的床，等等。只有坚持训练和平时保持正确的姿态，才能更好地矫正孩子含胸、驼背、头前伸的不良体态。

脊柱侧弯

　　一些父母可能会注意到，孩子衣服的领口偏离了中心线，换了好几件都是这样。如果出现这种情况，父母就要多留个心眼了，这可能是孩子的姿势不平衡，是脊柱侧弯的一种表现。脊柱侧弯是指脊柱的一个或数个节段在冠状面上偏离中线向侧方弯曲，形成带有弧度的脊柱畸形[12]。如果孩子的脊柱侧弯了，不但会影响孩子的整体形象，时间长了，还会引起胸、腰、背等身体部位的疼痛，甚至还会引起头痛、易疲劳等症状。因此，父母要紧密关注孩子的脊柱情况，早发现，早治疗。孩子脊柱侧弯的一般表现有：

　　　　两个肩膀一边高、一边低；
　　　　脊柱偏离中线；
　　　　当孩子向前弯腰时，孩子的背部两边不对称；
　　　　其中一个肩胛骨更加突出。

　　引发孩子脊柱侧弯的原因众多，有可能是由于平时的不良姿态导致，也可能是先天因素或其他原因。如果孩子出现以上的一些迹象，父母就得及时带孩子上医院检查，确定是不是脊柱侧弯，如果是，还要查

正常的脊柱、C 形胸椎右凸、C 形胸椎左凸、
S 形胸椎右凸腰椎左凸、S 形胸椎左凸腰椎右凸

清楚侧弯的原因和情况，再在医生的指导下进行矫正。

我们可以看到，正常人的脊柱从后面看，应该是一条直线，并且脊柱两侧是对称的。而如果我们的脊柱发生了侧弯，从后面看则是弯曲的，一般有 C 形侧弯和 S 形侧弯两大类。如果孩子的脊柱是 C 形侧弯，那么只需向凸侧相反的方向弯曲即可；而如果孩子的脊柱是 S 形侧弯，矫正的方法会比 C 形侧弯的矫正要更复杂些。因为按 C 形侧弯的方法去矫正 S 形脊柱，即向凸起的相反方向弯曲，那么 S 形脊柱的侧弯不但得不到改善，还会更加严重。原因是 S 形脊柱是朝两个不同方向侧弯的，因此矫正动作必须同时矫正这两个不同方向的侧弯 [13]。

- 常见的 C 形脊柱侧弯矫正练习

侧弯拉伸

双脚分开与肩同宽，侧弯凸侧的手叉腰，凹侧的手伸直，尽量向凹侧弯，保持 5~10 秒，复位放松，重复练习 20~30 个。注意孩子的身体要保持正向侧弯，不能向前倾，也不能向后倒。

体转运动

两脚分开与肩同宽，双手侧平举，向胸椎凸起的同方向尽量扭转躯体，保持 10 秒左右，双手置于体侧，放松，再重复 10~20 次，早晚各练习 1 组。注意孩子的双腿要始终伸直，脚跟不能离地。

- 常见的 S 形脊柱侧弯矫正练习

俯卧伸腿抬臂

让孩子俯卧在垫子上，双腿靠拢，如果胸椎右凸腰椎左凸，则左手尽量向上抬，右腿尽量向后伸，同时抬头挺胸；如果是胸椎左凸腰椎右凸，则右手尽量向上抬，左腿尽量向后伸，同样做抬头挺胸状。保持 10~15 秒，重复 20~30 次。

另外，游泳、单双杠、健美操等体能训练项目，都能促进孩子脊柱的正常发育、预防脊柱异常，对轻度的脊椎侧弯有矫正作用。总之，孩子在平时除了要多注意避免不良的坐立姿态，还要坚持参加科学的体能训练，这样才能更好地促进脊柱健康发育。

高低肩

有些孩子习惯趴在桌子上写作业或睡觉，这样的行为不但容易导致近视，还容易形成高低肩的体态。高低肩，顾名思义，就是两个肩膀的高低不齐平，一边高，一边低。高低肩出现的原因很多，包括：

脊柱侧弯；

双侧肩周肌力不平衡（通常是由于单边肩膀长时间处于紧张状态导致的，如不对称负重、错误睡姿、躺在床上看书等）；

翘二郎腿；

长短腿；

骨盆倾斜；

足部过度内、外翻。

高低肩可以是一个原因或多种原因综合的结果。有些孩子乃至父母可能觉得高低肩不仔细看也觉察不出来，所以对此没有给予足够的重视。殊不知，高低肩会影响到孩子的脊柱健康，引发孩子颈部和肩部的慢性疼痛，情况更糟糕的，还可能会蔓延到孩子的头部，产生慢性头痛，严重影响孩子的正常学习和生活。所以，父母要注意定期带孩子去参加体检，如果发现孩子有高低肩，除了积极配合医生治疗外，还需要做一些矫正练习帮助孩子恢复正常。

高低肩的矫正，可以让孩子做上斜肩的下压，这样能使对应的肌肉群放松；还可以让孩子做低肩上提的动作，这样能更好地锻炼孩子肩膀上提肌肉群的力量，使双肩肌肉群均衡；另外，还要加强双肩的柔韧性训练，矫正孩子平时的不良生活习惯，使双肩均衡发展[14]。具体动作可参照以下训练：

单臂耸肩

两脚分开与肩同宽，低肩侧手持重物做单臂耸肩，另一侧手叉腰。15~20下为1组，重复练习4组。注意孩子的身体要立正；

重物不宜过重，以免引起孩子肌肉损伤。

单臂侧平举

两脚分开与肩同宽，低肩侧手持重物，沿侧方举起重物直至与肩部同高，另一侧手叉腰。15~20 下为 1 组，重复练习 4 组。注意孩子的身体要立正；重物不宜过重，以免引起孩子肌肉损伤。

单臂向上举重

两脚分开与肩同宽，低肩侧手持重物，向正上方推举，另一侧手叉腰。15~20 下为 1 组，重复练习 4 组。注意孩子的身体要立正；重物不宜过重，以免引起孩子肌肉损伤。

双臂正握悬垂

双臂正握单杠，双腿合拢离地作悬垂状，保持 10~15 秒，然后双腿着地放松，是 1 下。每组 8~12 下，重复练习 3 组。

膝外、内翻（Ｘ形腿、Ｏ形腿）

可能有些父母并不清楚什么是膝外翻、膝内翻。但只要一提Ｘ形腿、Ｏ形腿，大家一般都会恍然大悟。膝外翻指两下肢伸直时，在股骨下端和胫骨上端构成一个向外的弧度，两膝相碰时，双踝不能并拢，站立负重时尤为严重，形成一个Ｘ样的外形；膝内翻与膝外翻外形完全呈相反方向的畸形，临床上表现为两下肢伸直而踝关节力图并拢时，膝关节不能并拢 [12]。可能有父母会认为，Ｘ形腿、Ｏ形腿对孩子的影响不大，所以没有给予足够的重视。我在这里要强调的是，轻微的 X 形腿和 O 形腿确实影响不大，但我们不能保证这种情况不会恶化。严重的 X 形腿和 O 形腿不但影响美观，还会影响到孩子的下肢健康。因为孩子膝关节周围的韧带会被过度牵伸，容易松弛，长此以往，会加速孩子的关节软骨和骨骼的磨损，从而导致孩子关节活动异常、患上骨关节炎等。

正常腿、X 形腿、O 形腿

膝外翻和膝内翻的成因众多，后天原因大多与不正确的姿势习惯有关。平时，父母要多留意孩子的各种姿态，当发现孩子有膝外翻或膝内翻倾向时，就要尽早就医检查，在医生的指导下，进行矫正练习。

- X 形腿的矫正练习

大腿拉伸

坐在垫子上，双脚脚掌合并靠拢，膝盖尽量向地上压。注意孩子要保持坐姿端正。

大腿内侧拉伸

蹲下，左腿向侧面伸直，右脚屈膝成 45 度，双手撑地保持平衡；孩子要尽量将身体向下压 30 秒，左右脚互换角色。左右脚各压 10~20 下。

俯卧抬腿

趴在垫子上，双手放于身体两侧，右腿伸直，尽量向上抬左腿，保持 10~15 秒钟，复位放松，左右腿互换。孩子要感受臀部收紧发力，在这个动作中腿需要尽可能地向上抬。左右腿各抬10~20 下。

蛙式开合

侧卧在垫子上，双手固定身体，膝盖微屈，下方的腿不动，上方的腿以双脚踝和骨盆的连线为轴线，向下方的腿做开合动作，左右腿互换。两腿各开合 30 下，注意动作不宜过快。

- ○ 形腿的矫正练习

大腿拉伸（同 X 形腿的矫正练习部分）

弓步侧压腿

双手叉腰，左腿向侧方迈出一大步，左膝关节弯屈成 90°，右腿和右膝盖伸直，上半身缓缓向下压，8 下为 1 组，然后双脚

互换，交替练习 4 组。注意孩子的身体要和地面垂直，两脚脚跟不能离开地面，速度要慢，避免用力过猛。

倒走

倒走，每组 8 步。注意孩子的脚步要尽量大，脚尖始终向前，并且不要走得太快。父母或教练要注意孩子的行走状况，避免孩子摔倒。

足内、足外旋（内八字脚、外八字脚）

我们平时会注意到，正常人自然站立时两脚跟并拢，两脚尖分开，成 60°角。而足内旋（又称内八字脚）者，脚跟分开不能并拢，而脚尖向内并拢，严重者两脚尖向内相对；足外旋（又称外八字脚）者，两脚

正常的脚、足内旋、足外旋

站立时脚尖分开大于 60° 角。外旋如果不严重，并不一定要治疗，芭蕾舞舞蹈演员由于职业的关系，都有不同程度的足外旋，就像足球运动员都会有一定程度的足内旋一样[15]。

八字脚的成因众多，和膝内翻、膝外翻有一定的关联。不正确的姿势也会导致八字脚。八字脚不但会影响美观，还会导致孩子的身体骨骼变形，影响大脑的血液供应。如果发现孩子有八字脚，父母有必要及时带孩子上医院查明原因，再在医生的指导下进行矫正。常见的八字脚矫正练习方法有直线走、踢毽子、蹲起等。

直线走

无论孩子是内八字脚还是外八字脚，平时走路时都应该适当控制脚踝，要保持膝盖向前、脚尖朝前，并且双脚要始终保持平行。

踢毽子

内八字脚的孩子，用脚外侧踢；外八字脚的孩子，用脚内侧踢。左右脚交替练习，每次 5 分钟左右。

蹲起

两脚分开与肩同宽，内八字脚的孩子，双脚外旋站立；外八字脚的孩子，双脚内旋站立；做下蹲起立动作，8 下为 1 组，每次练习 4 组。

动起来！
专业教练给孩子的体能课

第四章
提升孩子体能素质的
58 个黄金动作

　　相信通过对于前三章内容的阅读，各位家长朋友们都已经意识到了儿童体能训练这件"大事"所能够赋予孩子的价值所在，并且已经掌握了一定的儿童体能训练认知基础，能够避免常见的体能训练误区，并根据孩子的个人身体情况有的放矢地安排孩子的训练内容和训练重点。那么，在本章中，我们将通过基础、进阶、强化这三个阶段的 58 个儿童体能训练黄金动作，来循序渐进地给孩子的体能状况带来实质性的提升。

01

从零出发，建立孩子的体能素质训练模式

本节中所介绍的 24 个黄金训练动作，主要以训练儿童四肢协调性、增强四肢力量、提升身体灵敏性、协调性、平衡感为目标，来建立孩子的体能素质基础。

1. 脚踝行走

训练目标：加强下肢力量、提升足踝稳定性

具体步骤：

（1）准备时，双脚并拢，身体挺直，双臂置于身体两侧；

（2）行走时，双脚前脚掌支撑地面，直腿行走，避免膝盖弯曲，双臂在体侧自然摆臂，保持身体稳定。

2.足跟行走

训练目标：加强足背屈能力、提升足踝稳定性

具体步骤：

（1）准备时，双脚并拢，身体挺直，双臂置于身体两侧；

（2）行走时，双脚足跟支撑地面，直腿行走，避免膝盖弯曲，双臂在体侧自然摆臂，保持身体稳定。

3. 手膝爬

训练目标：训练四肢协调性、增强四肢力量

具体步骤：

（1）准备时，双手五指张开支撑地面，距离与肩同宽，双膝和双脚脚尖同时着地，头抬起目视前方；

（2）爬行时，手膝交替依次向前爬行，保持身体稳定。

4. 猫爬

训练目标：训练四肢协调性、促进身体力量平衡发展、助力脊柱发育

具体步骤：

（1）准备时，四点支撑，身体呈爬行状态，双手、双脚前脚掌平行支撑于地面，膝关节弯曲但不接触地面，双手五指分开指尖朝前；

（2）移动时，手、脚对称移动，保持同步，移动过程中保持平衡，小腿胫骨、背部与地面平行，腿部移动时收腹提膝，脚尖踩地，膝关节不超过肘关节，距离相距一拳，重心可调整至肩部。

5. 倒退猫爬

训练目标：训练四肢协调性、促进身体力量平衡发展、助力脊柱发育

具体步骤：

（1）准备时，四点支撑，身体呈爬行状态，双手、双脚前脚掌平行支撑于地面，膝关节弯曲但不接触地面，双手五指分开指尖朝前；

（2）向后移动时，手、脚对称移动，保持同步，移动过程中保持平衡，小腿胫骨、背部与地面平行，腿部移动时收腹提膝，脚尖踩地，膝关节不超过肘关节，距离相距一拳，重心可调整至肩部。

6. 蜗牛爬

训练目标：训练四肢协调性、增强四肢力量

具体步骤：

（1）准备时，坐姿准备，双手在背后支撑身体，双腿并拢，屈膝；

（2）爬行时，双手、双脚支撑地面，将臀部抬起向目标方向移动，之后臀部着地，双脚、双手朝向目标方向移动，继续支撑，重复动作。

7. 双脚连续跳

训练目标：增强下肢力量、提升身体灵敏性与协调性

具体步骤：

（1）准备时，双脚并拢，身体挺直站立，双臂置于身体两侧；

（2）跳动时，足跟抬起不接触地面，双脚前脚掌连续向前跳跃，膝盖微屈，双臂前后协调摆臂，保持身体稳定。

8. 无反向式跳跃

训练目标：增强下肢力量、增强踝关节力量

具体步骤：

（1）准备时，双脚与肩同宽，屈膝屈髋，膝盖与脚尖方向一致向前，身体挺直呈斜板状，双臂置于体后；

（2）跳跃时，双脚前脚掌迅速蹬地发力，同时置于体后的双臂由后置改为向前向上摆臂，腾空时保持身体稳定；

（3）落地缓冲时，双腿双脚宽度不变，屈膝屈髋同时手臂迅速下摆至体后，做好充分缓冲，注意避免弯腰，应当保持挺直前倾状态。

9. 平地金刚跳

训练目标：增强四肢力量、提升身体灵敏性与协调性

具体步骤：

（1）准备时，双手五指分开，掌心触地支撑，指尖朝前，双腿并拢于在两臂中间，呈团身状态；

（2）移动时，重心前移至肩和手臂的位置，双臂支撑，轻微提臀，收腹收膝，使身体自然向前跳动，重复动作。

10. 平地侧金刚跳

训练目标：增强四肢力量、提升身体灵敏性与协调性

具体步骤：

（1）准备时，身体下蹲，团身于地面上，双手向侧面支撑；

（2）跳动时，双臂支撑，双脚同时发力，提臀收腿以肩为轴向侧向跳动，双脚落地后，双手再次重复向侧面支撑，重复动作。

11. 笔筒翻

训练目标：锻炼身体平衡感、训练四肢协调性

具体步骤：

（1）准备时，平躺在垫子上，身体挺直，双脚并拢，同时双手合并，双臂伸直置于头顶上方；

（2）翻滚时，核心收紧，全身肌肉协调发力，向侧面翻滚，朝向左右两侧的笔筒翻都要练习。

12. 象走

训练目标：增强上肢力量、训练四肢协调性、提升下肢柔韧性

具体步骤：

（1）准备时，体前屈，双手触地，五指分开，指尖向前，手脚平行支撑于地面，膝关节尽量不要有明显弯曲；

（2）移动时，身体重心前移至肩部和手臂位置，手、脚对称协调移动，移动过程中保持手足同步，腰臀向上提，手、脚距离越近越好。

13. 熊爬

训练目标：增强四肢力量、训练四肢协调性

具体步骤：

（1）准备时，双手五指分开，掌心触地支撑，指尖朝前，双腿并拢于两臂中间，呈团身状态；

（2）移动时，重心前移至肩和手臂的位置，手臂前伸，向前爬行，同时轻微提臀，收腹收膝，使身体自然向前跳动，手臂爬两次，身体向前跳动一次，配合协调后重复练习动作。

14．原地双脚前后跳

训练目标：增强下肢力量、训练四肢协调性与控制力、锻炼身体平衡感

具体步骤：

（1）准备时，双脚并拢，身体挺直直立，双臂置于体侧；

（2）跳动时，双脚前脚掌着地发力向前小跳，落地缓冲后再次快速发力向后小跳，之后前后快速连续跳动，手臂在体侧自然配合摆臂，保持身体稳定。

15．原地双脚左右跳

训练目标：增强下肢力量、训练四肢协调性与控制力、锻炼身体平衡感

具体步骤：

（1）准备时，双脚并拢，身体挺直直立，双臂置于体侧；

（2）跳动时，双脚前脚掌着地发力向左小跳，落地缓冲后再次快速发力向右小跳，之后左右快速连续跳动，手臂在体侧自然配合摆臂，保持身体稳定。

16．侧滑步走

训练目标：增强下肢力量、训练四肢协调性与控制力

具体步骤：

（1）准备时，双脚平行站立，与肩同宽，双膝微屈，上身保持前倾，双手置于体前；

（2）以左侧滑步为例，移动时，左脚向左迈出同时，右脚蹬地滑动，向左脚靠近，注意两脚之间仍然保持一定距离，之后重复动作，左脚继续跨出，右脚靠近，完成侧滑步走练习。朝向左右两侧的滑步走都要练习。

17．侧向交叉步走

训练目标：训练四肢协调性与控制力

具体步骤：

（1）准备时身体保持稳定，双臂自然置于体侧；

（2）侧向移动，同侧腿不变，对侧腿前后交叉走，第一步前交叉，第二步还原，第三步后交叉，同时手臂在身体两侧前后摆臂，重复动作。朝向左右两侧的侧向交叉步走都要练习。

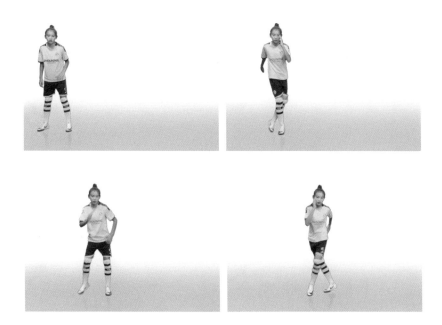

18. 原地前后交替跳

训练目标：增强下肢力量、训练四肢协调性

具体步骤：

（1）准备时，上身直立保持稳定，双臂自然置于体侧；

（2）跳动时，双腿前后开立，前后脚脚尖朝前，前脚掌着地迅速前后交替跳跃，身体放松，同时双手在体侧自然前后摆臂。

19. 匍匐前进

训练目标：训练四肢协调性、增强核心力量

具体步骤：

（1）准备时，趴在平地或垫子上，双臂手肘弯曲，做好准备；

（2）前进时，屈回右腿，伸出左手，用右腿和左臂的力量使身体

前移，同时屈回左腿，伸出右手，再用左腿和右臂的力量使身体继续前移，依次交替爬行前进。

20. 俯撑平移

训练目标：训练四肢协调性、增强四肢力量、增强核心力量

具体步骤：

（1）准备时，双臂直臂撑在平地上，同时双脚前脚掌蹬地支撑，注意避免塌腰，做好俯撑准备动作；

（2）移动时，同侧手脚同时向一侧横移，之后另一侧手脚跟随，重复动作进行平移。

21. 开合跳

训练目标：增强下肢力量、训练四肢协调性

具体步骤：

（1）准备时，并脚站立，身体挺直，呈前倾状态，保持稳定，双臂置于体侧；

（2）跳动时，双脚前脚掌发力蹬地，向外张开，同时双臂向两侧

打开、向上伸展；两腿落地，落地时双腿呈分开站立姿势，两臂举至最高点相互击掌；两腿继续跃起，双臂相应向两侧下落；落地时，双腿合拢，呈并脚站立，双臂下落放在身体两侧，回到起始状态。

22. 单脚开合跳

训练目标：增强下肢力量、训练四肢协调性

具体步骤：

（1）准备时，身体挺直站立，目视前方，双腿并拢，双手屈臂于身体两侧；

（2）跳动时，双脚前脚掌发力蹬地，向外同时张开，之后双脚前脚

掌再次蹬地向上跳起，落地时单脚前脚掌支撑，之后快速蹬地跳起，双腿再次同时向外张开。要依次换腿单脚支撑，重复练习。

23. 跑跳步（上学步）

训练目标： 训练跑跳能力、训练四肢协调性

具体步骤：

（1）跑跳时，单腿支撑地面，前脚掌蹬地，将腿蹬直，抬起另条腿，尽量让大腿与地面平行，抬起腿的对侧手臂向上摆臂；

（2）下落时，蹬地腿进行一次落地垫步，抬起腿再落地进行交换，两腿重复练习。

24．俯身收膝跳

训练目标：增强四肢力量、训练四肢协调性

具体步骤：

（1）准备时，俯身直臂支撑于平地或垫子上，双手与双脚与肩同宽，身体挺直，核心收紧；

（2）跳动时，双臂完全支撑，重心前移至肩部，双腿同时向前跳起，提膝收腹呈团身状，稳定后，再次向后跳起还原至初始位置。

·02·

循序渐进，提升孩子的体能素质水平

本节中所介绍的 26 个黄金训练动作，主要以增强儿童下肢力量、训练四肢协调性与控制力、增强核心力量为主要训练目标，来提升孩子的体质素质水平。

1. 原地军步

训练目标：训练四肢协调性

具体步骤：

（1）准备时，上身直立保持稳定，双脚与肩同宽自然开立；

（2）原地军步走时，抬起腿大腿抬高平行于地面，小腿自然垂直于地面，勾脚尖，之后抬起腿自然向下伸直落地，并抬起另一侧腿，全程双臂置于身体两侧自然摆臂，双腿交替抬起，完成原地军步走练习。

2. 侧向军步走

训练目标：训练四肢协调性与控制力

具体步骤：

（1）准备时，上身直立保持稳定，双脚与肩同宽自然开立；

（2）侧向军步走时，身体始终保持朝向正面，抬起腿大腿抬高平行于地面，小腿自然垂直于地面，勾脚尖，之后抬起腿向侧面方向自然向下伸直落地，另一侧腿同样抬起跟随，全程双臂置于身体两侧自然摆臂。双腿交替抬起向侧面移动，完成侧向军步走练习。

3. 小步跑

训练目标： 提升身体灵敏性与协调性

具体步骤：

（1）准备时，身体直立，核心收紧，身体微微前倾；

（2）跑动时，前脚掌着地，小腿快速蹬地，步频要快，手臂在体侧自然协调摆臂，保持身体稳定，双腿交替向前完成动作。

4. 虫爬

训练目标： 训练四肢协调性、增强核心力量、增强四肢力量

具体步骤：

（1）准备时，双手与双脚支撑地面，双腿伸直，腰背保持挺直，身体呈平板状态；

（2）爬行时，双手固定不动，肩部、臀部收紧，双脚直膝向前爬行；随后，待双脚爬行至接近腰部正下方位置时，双脚固定不动，双手向前爬行至远端。重复爬行动作。

5. 原地直腿 POGO 跳（低）

训练目标：训练弹跳能力、增强下肢力量、训练四肢协调性与控制力

具体步骤：

（1）准备时，身体挺直站立，目视前方，双腿并拢，双手屈臂于身体两侧；

（2）跳动时，身体保持稳定，核心收紧，双脚前脚掌快速连续跳跃，双腿尽量保持伸直，膝盖避免弯曲，同时，双臂在体侧快速协调摆臂。

6. 原地直腿 POGO 跳（高）

训练目标：训练弹跳能力、增强下肢力量、增强核心力量、训练四肢协调性与控制力

具体步骤：

（1）准备时，身体挺直站立，目视前方，双腿并拢，双手屈臂于身体两侧；

（2）跳动时，身体保持稳定，核心收紧，双脚前脚掌用力蹬地发力，向上跳起，过程中，双腿尽量保持伸直，膝盖避免弯曲，同时，双臂在体侧协调摆臂发力。

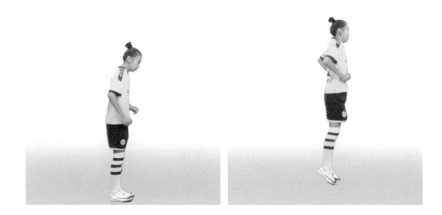

7. 原地深蹲

训练目标：增强下肢力量

具体步骤：

（1）准备时，腰背挺直，双脚与肩同宽，保持膝盖与脚尖方向一致向前；

（2）下蹲时，双手置于胸前，屈膝屈髋，保持身体挺直，大腿与地面接近平行，膝盖避免内扣。

8. 立定跳远

训练目标：增强下肢爆发力、训练四肢协调性

具体步骤：

（1）准备时，双脚左右开立，与肩同宽，身体直立，保持稳定；

（2）起跳时，双臂前后摆动预摆，之后向后屈膝下蹲，身体前倾，双臂迅速由后向前摆臂，同时双腿用力蹬地，展腹提踝，充分展体，做到髋、膝、踝关节伸直，用力向正前方跳出；

（3）落地时，收腹举腿，小腿前伸，同时双臂向后摆动，并屈膝落地缓冲。

9. 后踢腿跑

训练目标： 提升身体灵敏性与协调性

具体步骤：

（1）准备时，身体挺直，目视前方，双手置于臀部，掌心向后；

（2）后踢腿跑时，双脚前脚掌快速交替向后踢小腿，小腿向后折叠，脚跟用力靠向掌心，过程中身体保持稳定。

10. 侧滑步跑

训练目标：增强下肢力量、提升身体灵敏性与协调性

具体步骤：

（1）准备时，双脚平行站立，与肩同宽，双膝微屈，上身保持前倾，双手置于体前；

（2）以左侧滑步为例，移动时，左脚向左迈出同时，右脚蹬地迅速滑动，向左脚靠近，两脚之间仍然保持一定距离，注意全程双脚前脚掌迅速蹬地移动，之后重复动作，左脚继续跨出，完成侧滑步跑练习。左右两侧方向的侧滑步跑都需要练习。

11. 交叉步跑

训练目标：提升身体灵敏性与协调性

具体步骤：

（1）准备时，身体保持稳定，双脚平行站立，与肩同宽，双膝微屈，上身保持前倾，双手置于体前；

（2）侧向移动，同侧腿不变，对侧腿前后交叉跑，第一步前交叉，第二步还原，第三步后交叉，同时手臂在身体两侧前后摆臂，双腿前后交替跑动，重复动作完成侧向交叉步跑练习。左右两侧方向的交叉步跑都需要练习。

12. 原地高抬腿跑

训练目标：增强下肢力量、训练四肢协调性

具体步骤：

（1）准备时，上身直立保持稳定，双脚与肩同宽自然开立；

（2）原地跑动时，抬起腿大腿抬高平行于地面，小腿自然垂直于地面，勾脚尖，之后抬起腿自然向下伸直落地，并抬起另一侧腿，全程双臂置于身体两侧自然摆臂；双腿交替迅速抬腿，完成原地高抬腿跑练习。

13. 原地屈腿 POGO 跳

训练目标：训练弹跳能力、增强下肢力量、增强核心力量、训练四肢协调性与控制力

具体步骤：

（1）准备时，双腿与肩同宽，微微屈膝，同时屈臂置于身体两侧，身体挺直，微微前倾；

（2）跳动时，双脚前脚掌快速连续跳跃，双膝始终保持屈膝状态，同时，双臂在体侧快速协调摆臂。

14. 原地直腿垫步跳

训练目标：训练弹跳能力、增强下肢力量、增强核心力量、训练四肢协调性与控制力

具体步骤：

（1）准备时，双腿双脚并拢，身体挺直，双臂自然垂于身体两侧；

（2）垫步跳时，原地抬起腿直膝抬起，大腿抬高平行于地面，小腿自然伸直，勾脚尖，对侧手臂自然摆臂，之后抬起腿快速向下扒地支撑，另一侧腿直膝抬起，重复动作。

15. 线性直腿垫步跳

训练目标：训练弹跳能力、增强核心力量、增强下肢力量、训练四肢协调性与控制力

具体步骤：

（1）准备时，双腿双脚并拢，身体挺直，双臂自然垂于身体两侧；

（2）垫步跳时，抬起腿大腿抬高平行于地面，小腿自然伸直，勾脚尖，对侧手臂自然摆臂，之后抬起腿快速向下扒地支撑，并将身体向前移动，另一侧腿直膝抬起，重复动作。

16. 有反向式跳跃

训练目标：增强下肢爆发力、训练四肢协调性

具体步骤：

（1）准备时，身体直立，双腿直膝，双脚左右开立，与肩同宽，双臂直臂置于头上，同时双脚提踝，前脚掌支撑地面，保持身体稳定；

（2）跳跃时，双臂迅速下摆至身后，同时足跟落地，双膝屈膝下蹲，身体挺直前倾，之后双脚迅速用力蹬地，双臂再次由后置向前斜上方摆动，跳起后充分展体；

（3）落地时，双腿屈膝缓冲，同时双臂后摆，身体前倾保持稳定，避免弯腰弓背。

17. 原地交叉跳

训练目标：增强下肢力量、训练四肢协调性与控制力

具体步骤：

（1）准备时，上身直立保持稳定，双臂自然置于体侧；

（2）跳动时，双腿左右开立，双脚脚尖朝前，双脚前脚掌着地，迅速前后快速交叉，完成原地交叉跳跃；

（3）同时，手臂协调也做交叉动作，当双腿交叉时，双臂胸前直臂交叉，当双腿左右开立时，双臂打开侧平举，重复动作完成原地交叉跳。

18. 原地转髋跳

训练目标：增强下肢力量、训练四肢协调性与控制力、提升髋关节灵活性

具体步骤：

（1）准备时，双脚开立与肩同宽，脚尖朝前，双膝微屈，身体挺直，双臂微屈置于体侧；

（2）跳动时，双脚前脚掌有弹性地快速跳动，跳动时，向右转髋，则左臂摆动向前，落地后迅速反方向跳动，重复跳跃完成动作。

19. 蜘蛛爬

训练目标：训练四肢协调性、增强核心力量、增强上臂支撑力、增强下肢力量

具体步骤：

（1）准备时，坐姿准备，双手在背后支撑身体，臀部离开地面，腹部尽可能抬高抬平，双腿并拢；

（2）爬行时，异侧手脚协调移动向前爬行，双脚、双手朝向移动方向。

20. 原地弓箭步

训练目标：增强下肢力量

具体步骤：

（1）准备时，双脚并拢站立，双手放置于身体两侧；

（2）向前下蹲时，挺胸抬头，核心收紧，保持躯干直立，避免含胸驼背；

（3）下蹲要慢，前腿屈膝前迈，膝盖与脚尖方向一致向前，大腿平行于地面，后腿膝盖贴近地面，双手在体侧自然摆臂；

（4）做完一次后，前腿收回，后腿向前迈出，依次交替练习。

21. 单脚站立

训练目标：增强下肢力量、锻炼身体平衡感

具体步骤：

（1）准备时，上身直立保持稳定，双臂自然置于体侧；

（2）单脚站立时，一侧腿抬高平行于地面，小腿自然下垂，勾脚

尖，同时双臂侧平举保持平衡。两侧腿都要练习。

22．侧向高抬腿跑

训练目标：**增强下肢力量、训练四肢协调性与控制力**

具体步骤：

（1）准备时，上身直立保持稳定，核心收紧；

（2）跑动时，一侧支撑腿前脚掌着地发力蹬伸，另一侧抬起腿大腿抬高平行于地面，小腿自然垂直于地面，足背屈（勾脚尖），之后抬起腿向侧面快速向下伸直扒地，同时另一侧腿同样抬起跟随，全程双臂置于身体两侧自然摆臂。双腿交替要迅速，频率要快，朝向左右两侧的高抬腿跑都要练习。

23．平地前滚翻

训练目标：**增强上肢力量、增强核心力量、锻炼身体平衡感**

具体步骤：

（1）准备时，下蹲团身蹲于平地或垫子上，双手按压地面，双腿屈膝；

（2）翻滚时，双脚发力向上蹬腿，双手支撑地面，同时臀部抬高并立刻低头，使后脑勺、肩部、背部着台面进行翻滚。

24. 纵跳摸高

训练目标：增强下肢力量、训练四肢协调性与控制力

具体步骤：

（1）准备时，双脚与肩同宽，屈膝屈髋，膝盖与脚尖方向一致向前，身体挺直呈斜板状，双臂置于体后；

（2）跳跃时，双脚前脚掌迅速蹬地发力，同时置于体后的双臂由后置变为向前向上摆臂，身体展开，向上腾空跳起，充分展体；

（3）落地缓冲时，双腿双脚宽度不变，屈膝屈髋同时手臂迅速下摆至体后，做好充分缓冲，注意避免弯腰，身体应当保持挺直前倾状态。

25.　收膝跳

训练目标：增强下肢爆发力、增强核心力量、训练四肢协调性与控制力

具体步骤：

（1）准备时，上身直立保持稳定，双臂自然垂于身体两侧，双腿双脚与肩同宽，膝盖微屈下蹲，身体挺直前倾，手臂在体侧后方准备摆臂；

（2）跳起时，双脚用力蹬地向上，手臂用力上摆，同时膝盖向上收起，尽量收拢于胸前；

（3）下落时，再次屈膝下蹲缓冲，稳定后，准备下一次起跳。

26. 单脚连续跳

训练目标：增强下肢力量、训练四肢协调性与控制力、提升动态平衡能力

具体步骤：

（1）准备时，上身直立保持稳定，双臂自然置于体侧；

（2）跳动时，一侧腿向前抬高，大腿平行于地面，小腿自然下垂，勾脚尖，支撑腿前脚掌蹬地连续跳跃，同时，双臂分别在体侧协调前后摆臂，保持身体稳定，两条腿依次练习。

03

强化训练，助力孩子的体能素质
取得突破性提升

　　本节中所介绍的 8 个黄金训练动作，训练角度较为丰富，相对前两小节的动作而言难度有所进阶，能够助力孩子的体能素质取得突破性提升。

　　1. 前倾启动

　　训练目标： 提升起跑速度

　　具体步骤：

　　（1）准备时，上身直立保持稳定，双臂自然置于体侧；

　　（2）启动时，以双脚为支点，身体挺直前倾，当快要失去平衡时，主力腿向前摆动，后腿用力蹬地，对侧手脚相互发力摆臂，每一步持续用力蹬地，保持好身体平衡。

2. 弓箭步走

训练目标：增强下肢力量

具体步骤：

（1）准备时，身体直立，双手自然置于体侧；

（2）弓箭步走时，一侧腿向前迈出，双膝弯曲降低臀部，使身体下降，迈出腿小腿垂直于地面，小腿与大腿呈 90°夹角，后侧腿前脚掌支撑于地面，大腿垂直于地面，大腿与小腿呈 90°夹角，膝关节贴近地面，同时双臂自然摆臂；之后用前脚脚跟发力，将身体支撑向上站立，同时将后腿向前迈出，重复前面弓步蹲动作，移动过程中保持身体直立稳定，避免左右晃动，双腿交替向前行走。

3．无反向式旋转跳

训练目标：增强下肢力量、提升动态平衡能力、提升身体控制力

具体步骤：

（1）准备时，双脚间距略宽于肩，屈膝屈髋，膝盖与脚尖方向一致向前，身体挺直呈斜板状，双臂置于体后；

（2）跳跃时，双脚前脚掌迅速蹬地发力，同时置于体后的双臂由后置转而向前向上摆臂，跳起后充分展体并向一侧旋转 90°，腾空时保持身体稳定；

（3）落地缓冲时，双腿双脚宽度不变，屈膝屈髋同时手臂迅速下摆至体后，做好充分缓冲，注意避免弯腰，身体应当挺直呈前倾状态。身体左右两侧的旋转跳都需要练习。

4．有反向式旋转跳

训练目标：增强下肢力量、提升动态平衡能力、提升身体控制力

具体步骤：

（1）准备时，双腿直膝左右开立，间距略宽于肩，身体直立，双臂

直臂置于头上，同时双脚提踝，前脚掌支撑地面，保持身体稳定；

（2）跳跃时，双臂迅速下摆至身后，同时足跟落地，双膝屈膝下蹲，身体挺直前倾，之后双脚迅速用力蹬地，双臂再次由后置向前向上摆动，跳起后充分展体并向一侧旋转 90°，腾空时保持身体稳定；

（3）落地时，双膝屈膝缓冲，同时双臂后摆，身体前倾保持稳定，避免弯腰弓背。身体左右两侧的有反向式旋转跳都需要练习。

5. 波比跳

训练目标：提升全身力量

具体步骤：

（1）准备时，双脚并拢，身体挺直，双臂自然置于身体两侧；

（2）跳动时，下蹲，双手支撑地面，双腿向后蹬直，前脚掌支撑地面后，迅速蹬回，收膝团身，之后垂直向上跳跃；

（3）身体腾空时，双手头上击掌，之后落地缓冲，保持身体稳定。

6. 后蹬跑

训练目标：增强下肢爆发力、提升奔跑速度

具体步骤：

（1）准备时，站立式起跑姿势；

（2）跑动时，前腿提膝向前抬高，平行于地面，足背屈（勾脚尖），后腿前脚掌用力蹬伸，并将身体挺直，微微前倾，放松摆臂，四肢协调交替向前蹬跑。

7. 直腿扒地跑

训练目标: 训练四肢协调性、增强下肢力量、增强前脚掌扒地力量

具体步骤:

（1）准备时，上身直立，核心收紧，身体略微前倾；

（2）跑动时，膝关节伸直，前脚掌扒地，双臂自然摆臂，双腿交替行进，扒地跑。

8. 马克操

训练目标: 增强下肢力量、训练四肢协调性

具体步骤:

（1）准备时，双脚并拢，身体挺直，双手屈臂叉腰；

（2）练习时，一侧腿前脚掌着地持续做直腿垫步，另一侧腿有节奏做出垫步提膝、垫步侧面提膝和垫步前踢腿，一侧腿做完后换腿练习，注意节奏与身体稳定。

这一章，我们针对不同身体素质水平的孩子，详细讲述了基础、进阶、强化这三个阶段的儿童体能训练重点目标和具体的训练方法，相信不少父母对自己的孩子当下该练些什么、怎样练，都已经心中有数。我相信，通过科学合理的体能训练，我们的孩子一定会拥有更健康的身体。下一章，我们将重点谈一谈体能训练在孩子的性格塑造和社交方面发挥着怎样的作用。

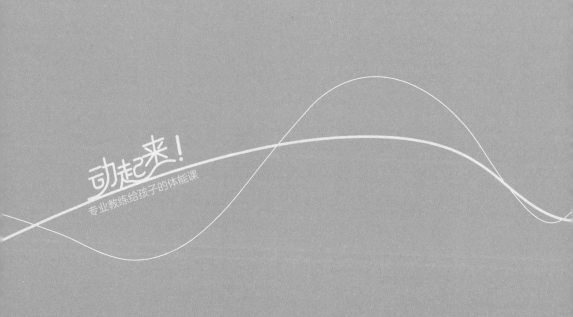

动起来！
专业教练给孩子的体能课

第五章
让运动成为一生的朋友

在本书第一章中，我介绍过体能训练能帮助孩子调整一些不良的性格倾向。在了解具体应该怎样训练孩子的体能之后，相信很多父母都已经看到了自己孩子健康快乐的未来。毫不夸张地说，童年时期是孩子性格塑造的最佳培养阶段。而运动有助于培养孩子坚强的性格、坚韧的意志、超越自我的勇气以及承担风险的能力，还有助于培养孩子正确的竞争意识和协作精神。让孩子养成爱运动的习惯，让运动成为孩子一生的朋友，他们的未来生活也一定会更加幸福快乐。

01

运动塑造性格，性格决定未来

作为儿童体能训练领域的从业者，我接触过一个叫欣欣的孩子。欣欣来我这里训练时刚 3 岁，年纪还比较小。欣欣的父母希望她能有个更健康的身体，但又怕她在我这里不习惯，他们和我说："欣欣只愿意跟妈妈玩，不愿意跟别的小孩子玩，在小区里是这样，在幼儿园也是这样。"于是我就特意多观察这个孩子。果然，她没有跟别的孩子一起玩的欲望，经常是自己玩自己的。说她内向吧，但妈妈一旦出现，她就活蹦乱跳的。

有针对性地培养孩子的性格

对于欣欣的这种情况，我首先要求欣欣的妈妈在欣欣训练的时候，不要在一边看着，让她等孩子准备下课了再来；其次，尽量不给欣欣安排一对一的私教课，并最大可能地给她安排传球这类的团队游戏活动。这样安排的好处是：妈妈不在身边，她只能要么自己玩，要么和其他孩子一起玩；另外，教练上课不特别关照她了，她一个人待着也没意思，就会去主动寻求和他人的互动；同时，教练安排的都是团队游戏，别的小孩子玩得开心，她自然也跃跃欲试。

这个过程不是一蹴而就的。起初，欣欣就那么愣着，不乐意加入团队游戏。我让教练特别留意她，但不能表现出她是特殊分子，因为小孩子的自尊心很强，如果让她觉得别人把她当作异类来看待，那么她有可能会更加退缩、逃避。而当教练假装不经意地邀请她、鼓励她，她慢慢地就融入了团队中。比如大家准备玩传球游戏，教练算好了三人一组，就正好有一组少一个人，就跟一边坐着的欣欣说："欣欣小朋友，我们缺一个人传球，你能来帮忙一下吗？"她同意了一次，就会有第二次、第三次……慢慢地，欣欣就走出了自己的小天地，变得合群并且更加活泼开朗起来。

我举这个例子，就是想告诉大家，运动可以塑造性格。我还要强调，塑造孩子的性格，要把握好关键期。

塑造孩子性格的关键期

童年时期是塑造孩子性格的最佳阶段。没有任何时期比这个阶段更适合塑造孩子的性格。俗话说，三岁看大，七岁看老。这句话并非放在任何情况下都正确，但确实是有一定的依据的。科学研究显示，三岁之前是一个人大脑发育的关键时期，在这期间，大脑重量从出生时的370 克增加到接近成人脑重的范围。随着大脑逐渐发育，大脑中控制情

绪的各部位也逐渐发育起来，而良好的情绪管理能力也是良好性格的一部分[16]。

有人说孩子的性格是天生的，是随父亲或母亲的：双亲中有一个性格暴躁，那么孩子可能也会暴躁；双亲中有一个性格温和，那么孩子的性格可能也会是温和的。其实不一定，因为孩子的性格除了先天因素的影响之外，后天的教育也特别重要。英国著名教育改革家罗伯特·欧文（Robert Owen）曾指出，人的性格是在"外力"的作用下形成的，所谓的"外力"，包括两方面的内容：遗传因素、社会环境（社会制度和家庭教育）[16]。

对于社会环境的影响，可以从"近朱者赤，近墨者黑"的角度来理解。孩子具有很强的好奇心和模仿力。孩子出生后，会将身边的人的言行举止复制到自己的大脑中，随后自己重复这些言行举止，并且逐渐形成自己独特的性格。这也是为什么现在不少父母不放心让别人带孩子的原因。如果在孩子三岁之前，父母没有把握好这个阶段好好引导孩子，培养孩子良好的性格，那么，错过了这个关键期之后，孩子的性格培养难度就会大幅增加了。

性格决定孩子的未来

我们可以看看自己身边的人，对比一下他们小时候的性格和现在的成就。不难发现，那些从小活泼上进的孩子，长大以后也会积极上进；

那些从小自信的孩子，在上学时和工作后都不乏自信；那些从小就坚强的孩子，长大以后也能坚强地面对挫折……

在塑造孩子性格的过程中，运动始终起着举足轻重的作用。通过运动，孩子的身体素质提升了，父母会对他们更放心，给予他们更多的选择，孩子也会在更多的机会中积累下充足的勇气。同时，参加运动尤其是参加体能运动，意味着身体要经受考验。身体能够承受住磨炼，心理才能经受住考验。比如跑步，孩子觉得跑得累了，不想跑了，想停下来休息，但想到还没有到终点，就产生再坚持坚持跑完全程的想法，身体继续坚持运动，慢慢地，意志就更加坚强起来。

在运动训练的过程中，孩子要听口令，之后做出反应，也就是一个"听到并做到"的过程。"听到"容易，"做到"有时候会很难。在孩子进行体能训练的初级阶段，**"听到并做到"是一个自律的过程**，学会遵守体育竞赛规则，尊重体育精神，则可以帮助孩子提高自己的自控能力，培养孩子的自律意识，改变某些对孩子自身成长不利的个性和品质，这对孩子的未来发展有很大的好处。

随着孩子体能训练过程的深入，**"听到并做到"会升级为一个努力的过程**，不努力就会坚持不下去，坚持不下去就会失败，这时孩子需要自己克服和面对困难和挫折，能坚持下去的孩子会变得更勇敢、更坚强，坚持不下去的孩子，就容易产生遇事就想逃避的想法。比如走平衡木，有的孩子能够勇敢地走完，有的孩子则是走了两步感觉重心不稳就

跳了下来，后来怎么叫他上去走都不走了。这时，我们需要去引导孩子，鼓励孩子，比如将平衡木放得更低些，或者换一段短一些的平衡木，让孩子慢慢练，循序渐进地把孩子带到坚韧不屈的轨道上来。

孩子从小就参加运动，尤其是参加要付出较大努力的体能训练，能够很好地锻炼意志。运动会给孩子带来更强的自信心和成就感，使孩子变得更加积极开朗，不但有利于孩子的身心健康成长，也有利于未来更好地投入到学习、工作、生活中去。

02

孩子需要一种竞争意识

"现在的孩子缺乏竞争意识吗？"有人这样问过我，我认为现在不少孩子都是缺乏竞争意识的。为什么这么说？因为现在家庭条件好了，孩子想要什么，父母大多都能满足。孩子不需要努力，不需要付出，更不需要竞争，就能获得很多他们想要的东西，哪来的竞争意识？但从长远来看，**孩子需要一种正确的竞争意识，不是为"争"而竞争，而是为"进步"而竞争**。只有这样，孩子才能更好地适应当下和今后竞争更加激烈的现实社会。

为什么要培养孩子的竞争意识

没有竞争意识的孩子，很多时候都安于现状。有人可能认为，这样挺好的呀，不会跟其他小朋友抢玩具，能够和谐相处。我们在这里要强调的是，生活中不必处处分个输赢、争个非此即彼。但对于孩子而言，没有竞争意识，是缺乏进取心的一种体现，反映在学习上，就是满足于

当前的学习状况，不期待获得更大的进步。有远见的父母大都重视培养孩子的竞争意识。因为对孩子而言，具备竞争意识，才能适应未来社会的发展。

小志是个性格活泼的小男孩，但是在参加体能训练的过程中总是不积极。比如，教练想邀请一位小朋友出来做示范，他从来都不会主动请缨；和小朋友一起跑步，从来不会想要跑到最前面；测试一分钟跳绳时，他虽然不会不及格，但跳到差不多了他的速度就会自然地慢下来，没有尽力跳更多的意识。

注意到这个现象之后，我就有计划地培养小志的竞争意识。一方面，在每项训练中，我都在合理的程度范围内，逐渐提高对小志的要求，让他知道，他能做得更好，并且明确地指出他的进步之处，表扬他，鼓励他。另一方面，在团体游戏中，我会安排他做小组长，让他更有责任感，如果他不积极表现，积极和对方小组竞争，那么，他所领导的小组就会输掉比赛——这是其他小朋友都不愿意看到的，这样他自然会更加上心，积极竞争。慢慢地，小志不但体能更好了，而且人也变得更开朗、更上进。

竞争意识是对外界活动所做出的积极、奋发、不甘落后的心理反应，**是推动孩子不断前进的一种力量**。如果小志一直都缺乏竞争意识，不但训练效果难以达到更理想的状态，而且还很可能会影响他今后的学习乃至工作的进步。

应该培养孩子形成怎样的竞争意识

有些父母之所以不赞成专门培养孩子的竞争意识，大多是担心孩子太过计较输赢得失，从而引起内心的不快。的确，过度的竞争意识容易给孩子带来焦虑和压力，久而久之，会导致孩子难以形成强大的内心和宽广的胸怀。并且，从心理学的角度上来看，并不适宜对处于童年阶段的孩子过于强调竞争意识。从小太过强调竞争意识，容易导致孩子丧失合作的理念，忽视团队精神，难以形成大局意识。

因此，我们强调，要培养孩子适度的竞争意识。**适度的竞争意识能够促使孩子努力提升自我价值。**那么，什么程度的竞争意识才是适度的呢？

适度的竞争意识是自我提升，而不是攀比。当孩子看到其他小朋友有进步时，既要懂得为他人喝彩，也要为自己加油，努力让自己也获得进步；适度的竞争意识不是"我要赢"，而是"我要发挥力量"，有自信，有勇于发挥、充分发挥自己力量的渴望；适度的竞争意识不是胜利了就欢呼雀跃、失败了就嚎啕大哭，而是胜出时要看到别人给予的合作与帮助，失败时能够发现自己的不足，积极面对和克服，勇于迎接下一次挑战。

总而言之，童年的主要任务应该是内在的积累，即发展孩子的自由意志、幸福感等，使他们的内心强大起来 [17]。适度的竞争意识，能够提

升孩子的自信心，帮助孩子提升面对困难的勇气，培养孩子积极进取、从容应对的心态。

如何培养孩子形成适度的竞争意识

那么我们应该如何培养孩子形成适度的竞争意识呢？

在学校环境中，通过团队运动培养孩子的竞争意识是一个行之有效的途径。首先，团队运动需要孩子有团队精神，如果孩子只是自顾自地来，那么团队成绩肯定好不到哪儿去；其次，团队运动需要每一个孩子

引导孩子设定一个合适的训练目标，然后朝目标努力

都勇于出力、积极配合，这就培养了孩子积极进取的精神；再者就是，团队运动比单项运动和其他游戏都更讲究遵守竞争道德和规则的涵养，这十分有利于孩子形成公平竞争的品格，光明磊落，坦坦荡荡。

在家庭环境中，父母可以根据孩子的自身情况，通过设定目标来培养孩子的适度竞争意识。比如，和孩子一起跑步，如果平时孩子每天只是连续慢跑 5 圈，那么你可以让孩子多跑一圈，坚持一个星期每天连续跑 6 圈；如果孩子状态不错，下一个星期可以让孩子每天连续跑 7 圈，适可而止，然后可以通过更换其他的运动项目来进一步培养、提升孩子的竞争意识。

在社会环境中，父母可以通过鼓励孩子积极参加活动来提升自信。孩子有了自信心，就会更有竞争的意愿。同时，父母要让孩子意识到，"胜败乃兵家常事"，取得了好成绩不要骄傲，还可以表现得更好；表现得不好也不要气馁，更不要退缩、逃避，而要通过努力提升自己，再次迎接挑战，用竞争来促进孩子追求更高的目标。

03

在集体中，才能真正学会协作

"在跑步的时候，我累得不行了，但还是坚持了下来，因为如果我不努力跑，我们组就输了。"在一次学校运动会中，参加团体接力赛的林林坚持快速跑完最后一圈，帮助班级拿下了这个项目的团体第一名。在集体运动中，为了集体的荣誉，孩子们用实际行动践行什么叫"忘记自我，奋不顾身"。

在一次足球比赛中，小天带球到了禁区外，眼看着对方球员就要把球截走了，教练发出传球指示，但小天还是没有将球传给队友，而是一脚射门。结果由于动作仓促，方向没有把握好，球打在球门门柱上。到了场下，教练告诉小天团队合作的重要性，而小天在经过深刻的自我反省后，在之后的训练中，十分注意跟队友合作，并且在团队中发挥着越来越重要的作用。

为什么强调要在集体中学会协作

因为**只有在集体之中，孩子才能真正地学会协作**。现在的父母，培养孩子协作的意识在提升，在日常生活中，会培养孩子帮助父母做家务的习惯。比如，妈妈买菜回来，会叫上孩子一起来择菜；爸爸在收拾房间，会请孩子帮忙放置一些东西；奶奶打扫卫生，孩子会主动拿簸箕过来帮忙收拾垃圾等。尽管如此，在家庭环境中，大人们还是会处处照

让孩子在集体运动中学会协作

顾、保护着孩子，孩子难以真正学会协作。

在集体中，由于大家都是同龄人，彼此的地位是平等的。这种环境下的协作是客观要求的协作。孩子必须仔细观察，什么时候要进，什么时候要退，什么时候要奋勇向前，什么时候要让位于队友。在集体中，更容易培养出孩子准确的判断力、高效的沟通能力以及同理心。

如果孩子小时候能在集体中真正学会协作，那么成年后，在工作的过程中，他也自然能够更好地与同事合作共赢，更高效地完成工作任务。真正有自信的孩子，不会担心丧失一两次表现的机会，而是会顾全大局，克服以自我为中心的心理，养成协商合作的习惯。这不但有利于在集体中营造团结、友爱、互助、合作的氛围，还能增强孩子对社会的适应能力，为孩子今后的学习、工作培养良好的协作习惯。在比赛中懂得团队协作的孩子在领导能力方面有着很大的潜力。并且，关心集体、关心他人、积极与队友协作的孩子，在集体中会更受欢迎，这种状态延伸到工作中，也会因人格魅力而促使团队更具凝聚力，团队协作更高效。

要懂得为其他小朋友鼓掌

我在训练孩子的时候，经常会鼓励孩子们为表现得好的小朋友鼓掌。有的孩子会很认真地拍手，有的孩子则是有一搭没一搭的，还有的自己表现得不好，索性就不给其他表现得好的小朋友鼓掌。孩子年龄还

让孩子学会为他人鼓掌

比较小，跟他们讲大道理，可能他们一时半会儿是理解不了的。这种时候，我会慢慢引导孩子，比如"欣欣这次走平衡木走得稳吗？你走完的时候她为你拍手叫好，咱们也为她鼓鼓掌，好不好？"

每个孩子都是自己父母的掌上明珠，在家里，孩子经常会听到来自长辈们的各种夸赞。在学校就不一样了，没有人会一直以自己为中心，但其实孩子大都希望得到别人的肯定，在这个环境下，懂得为其他小朋友鼓掌喝彩的孩子，不但性情更好，而且也更积极乐观。因为，懂得为其他小朋友鼓掌的孩子，也一定会懂得为自己加油。

掌声能为孩子赢得尊重[18]。父母要引导孩子学会为其他小朋友鼓掌，不要吝啬自己的掌声。因为孩子在为其他小朋友鼓掌的同时，自己也会收获到其他小朋友的喝彩。而在引导的过程中，父母更多地要使用同理心，让孩子设身处地地去思考，而不是侧重夸赞其他的小朋友表现得好在哪里，为什么值得鼓掌，因为这样容易引起孩子的逆反心理，甚至产生妒忌心理。此外，父母还要和孩子一起鼓掌，以身作则，这样才会有更好的效果。同时，父母可以告诉孩子，为其他小朋友鼓掌是一种礼貌的行为，慢慢引导孩子真心诚意地为其他小朋友鼓掌，这样才能培养出孩子更好的性情与大局观，让孩子在集体中真正受到欢迎。

参考文献

[1] 普桑. 蒙台梭利教育精华 [M]. 尹亚楠，译. 杭州：浙江人民出版社，2015.

[2] 李金龙，王晓刚. 婴幼儿的体质评估和运动健身方案 [M]. 北京：北京体育大学出版社，2007.

[3] 国家体育总局. 国民体质测定标准手册（幼儿部分）[M]. 北京：人民体育出版社，2003.

[4] 伯恩斯坦. 叛逆不是孩子的错 [M]. 陶志琼，译. 2 版. 北京：机械工业出版社，2022.

[5] 邢群麟，达夫，薄同娇. 心理学一本全 [M]. 北京：中国华侨出版社，2018.

[6] 潘迎旭，尹军. 身体运动功能动作模式与专项技术动作之间的关系 [J]. 体育教学，2017（01）：25.

[7] 维尔吉利奥. 儿童身体素质提升指导与实践 [M]. 王雄，译. 2 版. 北京：人民邮电出版社，2017.

[8] 陈凯鸣，曹丽敏，等. 体适能 [M]. 上海：上海社会科学院出版社，2016.

[9] 付小康，韩雪梅. 体育与健康 [M]. 北京：航空工业出版社，2011.

[10] 冯强，黄昀. 青少年脊柱健康实用指南 [M]. 北京：中国农业出版社，2017.

[11] 胡志俊，张宏. 疼痛的康复治疗 [M]. 北京：中国中医药出版社，2018.

[12] 吴肇汉，秦新裕，丁强.实用外科学 [M].4 版.北京：人民卫生出版社，
    2017.

[13] 刘永祥.健康体育与养生保健 [M].北京：北京体育大学出版社，2006.

[14] 杨静，郑大莉，刘倩，等.形体训练与形象设计 [M].北京：清华大学出版
    社，2019.

[15] 杨大力，杨大冬，杨福申.实用整脊医术 [M].修订版.北京：中国中医药
    出版社，2015.

[16] 刘夏米.0~3 岁儿童好性格养成书 [M].苏州：古吴轩出版社，2017.

[17] 李静.陪孩子度过 7~9 岁叛逆期 [M].北京：北京时代华文书局，2016.

[18] 贝纳德.哈佛家训 [M].谢云，译.哈尔滨：黑龙江科学技术出版社，
    2010.